TRADIÇÃO E CRIAÇÃO DE JOGOS

Reflexões e propostas
para uma cultura
lúdico-corporal

TRADIÇÃ
E C

PATRICIO CASCO

CRIAÇÃO DE JOGOS

Reflexões e propostas
para uma cultura
lúdico-corporal

EDITORA
Peirópolis

*À dona Gê,
que me ensinou a amar a vida,
Ao "Caraí" Patô,
meu pai e meu melhor amigo,
À Ziza,
companheira de todas as minhas horas,
Aos meus alunos e mestres.*

PREFÁCIO

Sempre fui fascinado por jogar. Fascinação talvez seja pouco; sempre AHMEI jogar, com "H" mesmo, para mostrar a força dessa relação. Quando criança, corria o dia inteiro na casa dos meus primos, brigava em jogos de tabuleiro, jogava botão como ninguém... Brincava todos os dias de esconde-esconde – até hoje me lembro dos lugares inacessíveis em que me escondia... Com bola, então! Queimada e pelada nas ruas eram os campeões da minha audiência. Depois de jovem, não larguei da bola, passei a praticar esportes mais competitivos, mas aqueles jogos mais espontâneos e livres, os bate-bolas da esquina – estes, sim, sempre foram a minha paixão. Certamente essa foi uma das fortes razões da minha escolha profissional de me tornar professor de educação física e ensinar crianças a jogar... Atualmente, continuo jogando incessantemente com meus filhos e filhas pequenos.

A sensação durante e ao final de um bom jogo foi e sempre é a renovada experiência de liberdade, de mergulho em um mundo quase mágico de encantamento, do qual se sai magnetizado – uma verdadeira fonte de força e de paz. O que me faz lembrar um dos pensadores pioneiros dos estudos dos aspectos culturais dos jogos, o holandês J. Huizinga, autor de *Homo ludens*, o qual comentava ser uma das principais características da atividade jogada exatamente a total imersão dos jogadores nela, o esquecimento do mundo "lá de fora", a compenetração vital do jogador no espaço-tempo do jogo.

Foi dessa forma que submergi no livro de Patricio Casco. A cada página, me envolvendo mais; a cada proposta, me inserindo e me aprofundando mais e mais; ao final, compreendendo que mergulhara em um mundo encantado, no qual o jogo é o fio condutor, me senti renovado e reenergizado, como se tivesse jogado livremente centenas de jogos, com crianças e adultos.

Percebi, assim, que tinha em mãos um livro que joga junto com o leitor, e é lido com a mesma atitude de quem participa ativamente de um ato de jogo.

Devo lembrar aqui que as palavras que estão relacionadas com esse ato possuem raízes históricas muito interessantes. O termo "lúdico" – o qual é muito empregado no contexto da discussão sobre o jogo para se referir a tudo aquilo que é "não-sério" – provém da palavra latina *ludens*, a qual, por sua vez, é importante notar, advém do vocábulo grego *poiesis*, que significa uma atividade com um fim em si mesma (diferente do *theorem* = teoria, ou mesmo da *práxis* = prática). Pois bem, o arquétipo da *poiesis* grega, que viria a se tornar o nosso "lúdico", o símbolo e a representação dessa atividade era o sexo – a atividade prazerosa com um fim em si mesma, no aqui e agora, por excelência.

Existiria melhor justificativa do que essa para que desenvolvêssemos boas atividades e bons jogos nos quais nossas crianças (adultos e idosos também!) pudessem se envolver com o máximo prazer de viver, no espaço e tempo presentes?

A cada dia que passa, entretanto, me deparo com pessoas mais preocupadas com a performance em todos os tipos e gabaritos de práticas corporais. Se essa preocupação se limitasse somente aos campos esportivos, talvez até pudesse ser justificada, pois haveria uma lógica por trás dela – todos sabemos que fortes ideologias, muito difundidas e quase hegemônicas, apregoam que no esporte, qualquer que seja o seu nível (iniciante, intermediário, amador, profissional), o importante é a vitória a qualquer custo. Esse sistema de idéias é muito presente, infelizmente. Pois não concordo com isso e penso que o esporte tem muitas outras funções além da vitória. Porém, aqueles que assim crêem, os que assumem ou engolem esse ideário sem questioná-lo, poderiam axiomaticamente exigir performances máximas do competidor esportivo, fosse ele criança ou não, uma vez que o interesse final é apenas a vitória.

Contudo, o que reparo, e aqui quero denunciar, é que a ênfase exagerada na performance técnica está invadindo toda a atividade infantil, desde os primeiros anos de vida! Em vez de nos encantarmos com o engatinhar, que tantos benefícios traz para um bebê, e é tão bonito, queremos que ele ande logo – e tome andador!

E quanto aos primeiros passos? Tão maravilhoso é ver uma criança andar, trôpega, cair de bumbum, esforçar-se para levantar, cair novamente... Mas querem que ela ande logo... E tome andador! E, nas aulas de natação para bebês de menos de um aninho, a coisa piora: aquele que era para ser um momento mágico entre criança, pais e mães, uma ampla curtição familiar na água, transforma-se num festival de cobranças, numa verdadeira "tortura aquática", pois a criança é cobrada o tempo todo a bater os pés de tal forma, a mergulhar de outra (mesmo chorando), e ganhará uma "touquinha" de novas cores se atravessar a piscina do jeito que o professor deseja... Se ela quiser brincar com os bichinhos de borracha que estão ali? Às vezes, lhe permitem, mas somente nos três minutos finais, para não atrapalhar o conteúdo das aulas... Assim, o importante é a performance aquática ou outra qualquer dessa criança, que ela se prepare para o futuro, sem tempo para o *ludens*, a magia do tempo presente, do prazer...

Por isso, a importância das idéias de Casco, ora sistematizadas neste livro. Para nos lembrar que ainda é possível sonhar com um mundo no qual seja fundamental ser feliz, e onde a tolerância e o espírito não-violento prevaleçam. Porém, para também nos mostrar os caminhos para a concretização desse sonho.

Certamente, o canal da criação de jogos, visando à ampliação e à disseminação de uma cultura lúdico-corporal coletiva, é uma via ampla para a consecução de uma sociedade mais justa e plural.

Envolvido ativamente no universo do jogo, nos espaços profissionais em que atua, é a partir daí que Casco oferece a sua valiosa contribuição. Notem bem, ele fala de dentro, e não do "alto" de sua experiência jogada. Falasse de um pedestal, como quem tudo sabe, este não seria um livro-jogo, que se lê com enorme prazer, mas sim mais uma máquina, um compêndio sem emoção, mais um receituário de jogos nada parecido com a própria atividade que lhe é essencial.

Ao contrário, Casco escreve sobre o jogo com a experiência de quem formulou suas teorias e práticas lado a lado com as crianças, observando-as, convivendo e aprendendo com elas, debatendo, entre erros e acertos, mas sempre com as antenas ligadas na reflexão, aberto para o que elas dizem e fazem, sintonizando essa vivência riquíssima com as diversas fontes de conhecimento em que bebe – das filosofias mais tradicionais às práticas pedagógicas revolucionárias, chegando aos pensamentos mais complexos e de fronteira.

Ao perceber que o jogo, exatamente por ter raízes e simbolizar a guerra, pode se transformar em veículo grandioso para a paz, Casco dá o pulo-do-gato. Caminha das raízes da criação dos jogos, caracterizando a importância dos jogos tradicionais de cada cultura, tanto para a experiência individual e simbólica no desenvolvimento de cada criança como também para a criação de laços comunitários e sociais essenciais.

Com o conhecimento dos jogos tradicionais, e com aquilo que de forma absolutamente acertada e original Casco chama de "maturidade lúdica" da criança – ou seja, o aprendizado da cultura de jogo de sua comunidade, feito por meio dos jogos tradicionais aprendidos anteriormente –, é que a criança passa a ter subsídios concretos para entrar em um processo que não pára, ou não deveria nunca mais parar! A criação de jogos, com valores morais e sociais, isto é, valores de inclusão, não-violentos, democráticos, participativos – e, claro, lúdicos e divertidos.

A segunda parte do livro, contudo, é onde Casco realmente mostra toda a sua argúcia, ao conectar e reunir os discursos e propostas anteriormente apresentados com práticas educativas, mostrando não receitas nem fórmulas já prontas e perfeitas, mas sim aspectos fundamentais de seu trabalho cotidiano, os quais certamente serão reaproveitados e recriados por educadores comprometidos com a ludicidade infantil. A idéia da pesquisa sobre jogos tradicionais (com a inclusão de planilhas), a proposta de vários tipos de jogos com e sem equipes, com materiais simples e ocupações diferenciadas de espaços, todas essas e outras mais mostram a força concreta desse trabalho no cotidiano da educação.

Quase no finalzinho do livro, um apetitoso lanche: uma seleção de "doze jogos de criação" elaborados pelos alunos desse incrível professor, jogos que me fizeram invejar essas crianças orientadas por docente tão especial...

Ah, como eu queria estar nessa escola, jogando "garrafobol" e outros jogos criativos e legais! Por que será que ele não escreveu uma seleção de "cem jogos..."?

Conversar com Patricio sobre os temas presentes neste livro sempre foi uma satisfação pessoal: debatedor arguto, freqüentemente atiçava a minha cabeça com questões novas e desafiadoras. Ler agora essas idéias aqui organizadas foi a certeza de sabê-las ao alcance de muitos educadores que poderão absorvê-las, contextualizá-las e certamente desenvolvê-las.

Prefaciar o livro foi como reviver minhas infinitas tardes infantis pelas ruas do bairro de Higienópolis, sempre correndo e jogando bola com meus amigos, livremente!

Jorge Dorfman Knijnik
Março de 2008

SUMÁRIO

Introdução	13
PARTE 1 – REFLEXÕES	17
A guerra como jogo, o jogo como guerra	19
O jogo como experiência social	26
Jogos tradicionais: as raízes da criação	29
Características dos jogos tradicionais	35
Focos de análise nos jogos tradicionais	39
Criar jogos	41
Valores e critérios desenvolvidos na criação de jogos	45
Inclusão e participação	45
Cooperação e competição	45
Flexibilidade e aplicabilidade de regras	50
Sistema de pontuação proposto	51
Nível de complexidade do jogo	53
Natureza do contato físico	54
Possibilidades estratégicas	56
Autonomia	57

PARTE 2 – PRÁTICAS EDUCACIONAIS	59
Análise dos jogos tradicionais	61
Planilha de jogos	61
Modelo de lousa para uma aula com jogos tradicionais	62
Pesquisa de jogos tradicionais	64
Jogos e brincadeira sem equipes	65
Abre a geladeira e variações	66
Alerta	66
Amarelinhas	67
Ambulância	67
Aumenta-aumenta	68
Baleia (ou pescador)	68
Bater lata	69
Bichos misturados	69
Bola-mestre	70
Boliche	70
Boneco articulado (marionetes)	70
Cadeirinhas	71
Carimbos	71
Coelho sai da toca	72
Coletes mágicos	72
Corre-cutia	73
Corrente infinita	73
Detetive	74
Elefante colorido	74
Elástico pega-pega	75

Enigma	75
Estátuas	76
Figuras no chão	76
Gelo (pega-pega americano)	77
Mãe da rua	77
Marinheiros	78
Muralha chinesa	78
Nunca 3 (ou gato e rato)	79
Nunca 4 (corrente finita)	79
Pega-mímica (ou espelho)	79
Pega-pega ponte	80
Peteca	80
Pião	81
Pula-perna (nunca 2 ou gato e rato)	82
Pular corda (parlendas)	82
Pular sela	83
Quietinho	84
Rebatida	84
Rio de jacarés	84
Rio de piranhas	85
Rio vermelho	85
Rio campo mar	85
Robô	86
Sentinela	86
Seu-lobo-está?	87
Tartaruga	87
Jogos com equipes	**88**
Arremessobol	89
Base 4	89
Base 6	90
Bolão	91
Cabeçobol	91

Dez passes	92
Escadobol	92
Foothand	93
Garrafobol	93
Linha de mira	94
Linha de ajuda	95
Paredão	95
Pebolim humano	96
Pique-bandeira e variações	96
Queimada e variações	98
Queimanchete	100
Tabelobol	101
Taco (ou bétis)	102
Tapobol	104
Tchuquebol (ou *tchoukball*)	104
Tchuquevôlei	105
Tripebol	106
Processo de criação de jogos	107
Imaginação e sensibilização criativa	107
Planejamento e registro inicial	108
Prática do jogo	108
Reflexão e avaliação coletiva	109
Anexo 1	111
Anexo 2	112
Apêndice – A criação de novos esportes	120
Glossário – Para uma teoria morfogenética do desenvolvimento motor	123
Bibliografia	127
Notas	128
Sugestão de leitura	131
O autor	134

INTRODUÇÃO

> "Quando penso a respeito dos termos *caos, criatividade e imaginação*, vejo-os como algum tipo de motor de três tempos. Cada qual impele e aciona o outro estabelece um ciclo de reforço, que estabiliza organismos e conserva processos envolvidos no fenômeno do ser. Este é um motor auto-sinergizante, cuja potência emerge do caos, move-se através da criatividade, viaja para dentro da imaginação, retorna ao caos, depois se estende à criatividade, e assim por diante. Opera em muitos níveis simultaneamente."
> Terence McKenna in *Caos, criatividade e o retorno do sagrado*

> "É preciso ter o caos dentro de si para dar origem a uma estrela bailarina."
> (Nietzsche, 2006.)

Num mundo em que a seriedade mórbida tem promovido tantas guerras, por que não brincar para promover a vida e a paz? Por que não criar novos jogos, tão dinâmicos quanto pacíficos? A criação e a prática de novos jogos elaborados por quaisquer comunidades ou culturas, a partir de suas práticas mais tradicionais, podem ser um pequeno antídoto para estes tempos desumanos de grande violência, barbárie, uniformização, globalização e virtualidade estéreis. Mas como? E por quê?

Criar e jogar são aspectos fundamentais do ser humano, mas não só dele. Todo o universo, a partir do *caos* – nome que damos a uma ordem que não compreendemos, como nos ensinam as ciências da complexidade –, joga, cria e recria-se, em ritmo e movimento incessante, por meio de padrões que se perpetuam e de hábitos que se transformam. Este movimento ocorre ao longo do tempo e do espaço, causado tanto pelas forças ambientais como pela força da cultura e da sociedade humanas, sendo que estas em estreita interação com o mundo natural.

Tais padrões e hábitos não são imutáveis e estão abertos à nossa ação e, em primeira instância, imaginação. Os jogos humanos também se movem do caos à criatividade, e daí para a imaginação. Podemos, por fim, imaginar e, assim, construir novos jogos apontando utopicamente em direções opostas aos jogos promovidos pela mídia e sua valorização da técnica, do rendimento, da produção e do consumo. Por que não?

Neste tipo de abertura, creio eu, reside uma real possibilidade de mudança e de transformação, o que pode ocorrer por meio da recuperação do conhecimento presente nos jogos tradicionais, de sua estrutura e de sua historicidade, e na subseqüente elaboração coletiva de novos jogos e de novos significados. Educar para a autonomia consciente e para a cidadania crítica – pelo exercício prático da criatividade lúdica –, tem um caráter emancipatório e dirige-se aos valores de paz, de cooperação e de respeito às diversidades.

Assim, ligado a tudo o que vive, move e pensa e inspirado pela "pauta que conecta todos os seres" (Bateson, 1993), penso na criação de jogos como mais uma das tantas maneiras de promover o "humano no humano".

Caminhar no processo que vai das raízes da tradição ao jogo criado, renovando assim a cultura lúdica, é o projeto fundamental deste livro e tem sido meu rumo profissional nos últimos vinte anos. Logo no início da minha vida de professor, descobri que para que esse projeto acontecesse não adiantava muito proferir a palavra (mágica para mim) "criem!". Isso, por si só, apenas denotava a minha necessidade de propor àqueles alunos, lá da década de 1980, que fossem além de suas fronteiras costumeiras. Era comum para eles a tentativa de "esportizar" jogos como a queimada e o pique-bandeira, por exemplo, propondo regras, espaços, materiais e habilidades corporais fixas sob o argumento: este jogo é assim.

Assim, como? Não poderiam as regras, os materiais, os espaços e todo o arsenal de habilidades desenvolvidas no interior de cada jogo, serem alterados para que novos jogos pudessem brotar a partir daí? Indo um pouco mais longe, qual poderia ser a relevância desse processo na aprendizagem de conteúdos, de procedimentos e de atitudes necessários à convivência, o que sem dúvida tornam ou podem tornar a educação física (desculpem a cruel franqueza, colegas!) a parte mais gostosa da escola para a grande maioria das crianças? Aliar prazer, construção, reflexão e, por que não, discussão de valores para uma cultura pacífica, na qual os jogos tradicionais e os jogos criados pudessem ser uma de suas partes vivas, foi o que plantei durante minha vida escolar na função de professor.

Tal projeto tem caminhado na mão contrária da cultura corporal hegemônica de natureza tecnocrática que, de maneira constante, tem procurado nos mecanizar e mecanizar nossos gestos, percepções e sentidos, tentando nos impor, pela força midiática, modelos corporais prontos, sem que nos reconheçamos neles. Ou, pior ainda, mostrando-os como reflexos de nossas pobres almas mecanizadas e mercantilizadas. Ou, muito pior ainda, colocando-nos como espectadores passivos da cultura corporal.

Tal ideologização do corpo e das atividades corporais afirma, entre outros ditames, que: jogar é assim mesmo ("ganhar é o mais importante, nem que seja em uma 'pelada' no fim de semana"), os esportes são assim mesmo ("sofrimento e dor para se alcançar a vitória, pois aos perdedores apenas a derrota e aos vencedores, tudo"), a vida é assim mesmo, ("isso já está enraizado em nossa cultura"), e assim por diante.

"É exatamente por causa de tudo isso que, como professor, devo estar advertido do poder do discurso ideológico [...]. No fundo, a ideologia tem um poder de persuasão indiscutível. O discurso ideológico nos ameaça anestesiar a mente, confundir a curiosidade, distorcer a percepção dos fatos, das coisas, dos acontecimentos. Não podemos escutar, sem um mínimo de reação crítica, discursos como estes." (Freire, 1999.)

Na verdade, tanto viver como jogar – ou ambos – é como queremos que seja. Um educador sempre deve ter em mente que:

"[...] cada pessoa que entra em contato com uma criança é um professor que incessantemente lhe descreve o mundo, até o momento em que a criança é capaz de perceber o mundo tal como foi descrito." (Castañeda, 2006.)

A conseqüência de posturas acríticas é a reprodução de valores ideológicos que acabam considerados naturais, tais como o chauvinismo, a violência e a exclusão. Assim, ao escolher apenas estratégias educativas nas quais há uma prevalência de valores hipercompetitivos e não fazer um exame crítico dessas questões junto aos educandos, a quem se estará servindo?

É evidente que seria muito mais fácil, sobretudo ao educador corporal, justamente por sua *persona* social e historicamente construída nos moldes autoritários, ceder aos atratores culturais e aos hábitos enraizados, construídos por gerações e gerações, do que exercer a difícil arte do exercício crítico e reflexivo, presente em toda ação educativa efetivamente transformadora.

Transformar é criar, e isso exige nadar contra a corrente da cultura dominante. Exige abandonar as certezas, as linhas demarcatórias e as instalações clássicas das quadras esportivas, os materiais convencionais, as regras habituais e as estratégias corriqueiras dos jogos também convencionais. Exige desenvolver novas regras e habilidades, não apenas corporais, mas relacionais, sociais ou até mesmo espirituais.

O ato criador, sobretudo aquele exercido nos jogos, tem o poder de desvelar aquilo que está oculto sob o peso da ideologia, inimiga da autonomia, revelando seus valores, muitas vezes embutidos até na aparente ingenuidade dos jogos infantis.

PARTE 1
REFLE

PATRICIO CASCO

EXÕES

A GUERRA COMO JOGO, O JOGO COMO GUERRA

"Alguns críticos, diante da natureza agressiva, territorialista e guerreira dos nossos esportes convencionais, optariam simplesmente por eliminá-los e por negar a ênfase a todos os esportes. Nessa crítica há uma vaidade tola. Porque a estrutura que o esporte oferece é necessária, principalmente numa época em que todas as demais estruturas parecem precárias. A maneira de ser, o estilo de vida que se adquire por meio do comprometimento mítico com o futebol, por exemplo, pode se revestir de certo perigo nesses tempos, mas provavelmente será menos perigoso do que nenhuma maneira de ser. Em vez de simplesmente atacar os esportes convencionais, deveríamos trabalhar pela reforma e pela mudança da ênfase em certas atitudes dentro dos jogos. Deveríamos também criar novos jogos. Precisamos deles da mesma forma como precisamos de novos mitos." (Leonard, 1999.)

Na Guerra do Golfo, no Kuait (1991), as imagens dos bombardeios exibidos na TV eram como se fossem "estrelinhas de São João". Uma televisiva estética macabra em verde fosfato, devido à pouca luz noturna revelada por infravermelho, dava ao evento sombrio um tom de videogame pós-moderno, asséptico e aparentemente indolor. O sofrimento humano mostrado às pencas durante o conflito do Vietnã, na década de 1960, serviu pelo menos para que a opinião pública se sensibilizasse com a nova guerra e, de alguma forma, demonstrasse sua indignação repudiando a guerra em todos os sentidos. Ali, nas imagens exclusivas da CNN, tratava-se de demonstrar à opinião pública que as "ações cirúrgicas" em solo kuaitiano – os alvos militares – justificavam tal violência, sem que houvesse baixas civis, o que se provou também não ser verdade. Esse abandono tecnicista do humano, essa frieza de cálculos, de previsões de baixas, tem sido, sem dúvida alguma, uma marca de nosso tempo, permeando a sociedade e a cultura – notadamente a cultura ocidental – em todos os níveis.

As visões e as projeções do corpo, suas representações, suas ações coletivas, seus jogos e esportes não têm fugido deste paradigma guerreiro da cultura. A guerra como jogo, o jogo como guerra.

Quando o poeta Jim Morrison dizia que todo jogo traz em si as idéias de morte e de guerra, provavelmente estava se referindo aos esportes tradicionais e sua conseqüente associação a esse espírito marcial. Sem dúvida, a comparação procede, uma vez que o esporte moderno é filho dos Estados nacionais europeus, de raízes aristocráticas, fundados na esteira das guerras, que durante séculos fizeram parte da cultura européia.

Do outro lado do oceano, nos Estados Unidos, outro modelo esportivo viria a agregar-se a este quadro. Com um profissionalismo crescente e uma indústria do entretenimento ávida por novidades, os esportes ganharam uma dimensão comercial e industrial até então inédita.

No entanto, mesmo nessa realidade, ainda existiam (e existem) reflexos das raízes aristocráticas do esporte, pois esta "marcialidade cavalheiresca", apenas aparente, ainda encontrou abrigo no mundo capitalista e industrial, somando valores aristocráticos do esporte do século XIX à grande parcela de tecnicismo do século XX – isso até hoje – sem que se perdesse a visão elitizante dessa atividade, muito pelo contrário.

Reis e rainhas do esporte ainda são seres lendários, mitológicos, que disputam taças e medalhas. No entanto, são trabalhadores corporais turbinados pela ciência e pela tecnologia, pelo uso de anabolizantes e por um vasto arsenal de estratégias ilícitas, como o suborno de juízes e o aliciamento de menores para fazer parte dos quadros esportivos dos países ricos. Uma fachada de conto de fadas para um filme de terror.

O nacionalismo também deu sua contribuição ao quadro trágico da história e com ele também embarcaram o esporte e os modelos corporais. O mesmo aconteceu durante a Guerra Fria, na qual soviéticos e norte-americanos disputavam milímetro a milímetro os recordes com os quais poderiam ostentar sua superioridade e seu modo de ser e produzir. Mais do que nações ou bandeiras, o esporte estava, naquele momento, a serviço de sistemas políticos e econômicos com pontos comuns, notadamente no campo científico e tecnológico, forjando não só uma economia industrial, mas um modelo de atividade física que mais nos concebia e concebe como máquinas do que propriamente como seres humanos.

No início da década de 1990, com o fim da Guerra Fria, entram de vez no espetáculo esportivo as grandes corporações multinacionais, dispostas a levar o mais recente modelo de tênis ao mais distante recanto do mundo, em troca de somas incalculáveis. Além, é claro, daquelas provenientes das transmissões de cada evento esportivo de amplitude mundial. Até que ponto esse espetáculo consegue nos anestesiar e nos insensibilizar com relação às imagens recorrentes de violência nos campos, quadras e torcidas, *doping* dos atletas e suborno envolvendo dirigentes, juízes e atletas profissionais? Essa realidade ainda vem adornada pelos discursos afirmativos da sanidade da atividade esportiva de rendimento.

Saúde? Nada tão longe da verdade. Os dados estatísticos mostram o oposto. As lesões esportivas, sobretudo as infantis, têm aumentado ano a ano, devido a processos de *overtraining*, ou seja, o excesso de esforço, a cobrança, a performance e os resultados por parte de pais, técnicos, diretores de clubes e escolas (e escolas que assumem papel de clubes) quando essas crianças deveriam apenas e tão somente brincar e aprender a conviver a partir dessa experiência. Estes dados dificilmente entram nos cálculos de custo/benefício projetados pelos clubes e empresas esportivas. A desistência absoluta do esporte acaba tornando-se regra, restando em cena as exceções, os sobreviventes desse processo. Tudo pelo espetáculo, embalado e pronto para venda.

Os atletas, malabaristas e máquinas de recordes, são solicitados e muito bem pagos para defender os *slogans* das multinacionais e fazer "embaixadinhas" na TV. Eis aí o modelo, e "ai de quem discordar". A humanidade virou realmente uma grande bola? Qual logotipo dominará sua superfície esférica a ponto de tornar sua logomarca visível do espaço?

Tal modelo, embora seja de brutal instrumentalização racional do humano, ainda alimenta o imaginário dos consumidores como exemplo de saúde. Os exemplos são estes corpos treinados por horas consecutivas e dolorosas até alcançar a deformidade corporal adequada à modalidade. Não há dúvida de que poderíamos, sem exagero, compará-los aos corpos torturados de todos os tempos.

A deformação resultante da alta especialização esportiva é correspondente à sua natureza de "trabalho", levando-nos também a questionar o papel deste sobre a humanidade do corpo, de maneira geral. Para Manuel Sergio, filósofo do esporte:

A GUERRA COMO JOGO, O JOGO COMO GUERRA

"E não é o atleta de alta competição um trabalhador que vende ao clube a que pertence a sua força de trabalho? E não é, ele também, humilhado e ofendido, quando se põe em risco a sua saúde, através de anestesias locais, que escondem, por poucas horas, lesões ósseas e musculares, de alguma gravidade? Quando se proclama por aí com muita irresponsabilidade à mistura que o esporte dá saúde – importa salientar a que esporte nos referimos, pois as vedetas do esporte de alta competição findam, quase sempre, as suas carreiras esportivas com deficiências físicas, decorrentes da prática que os instrumentalizou. Ninguém faz esporte para ter saúde: fá-lo por que tem saúde." (Sergio, 2005.)

Este quadro pede uma intervenção imediata de educadores sintonizados com outras referências teóricas e o exercício de novas práticas educacionais. São necessárias práticas educativas não fragmentadas diante da regressão recorrente à barbárie, o que ocorre na atual separação entre ciência e cultura.

> "A exigência de que Auschwitz não se repita é a primeira de todas para a educação [...]. Qualquer debate acerca de metas educacionais carece de significado e importância frente a essa meta: que Auschwitz não se repita. Ela foi a barbárie contra a qual se dirige toda a educação." (Adorno, 1995.)

Observe com atenção as crianças de 7 anos jogando futebol no recreio das escolas ou até nas aulas de educação física. Nesse momento podemos perceber como muitas delas incorporam as atitudes e o modelo de atividade física proposto pelos seus pais, professores e técnicos: se há ênfase nos valores pacíficos e lúdicos, ou não. Algumas delas reproduzem, ponto a ponto, as atitudes de seus ídolos guerreiros esportivos, muitas vezes acompanhados nessa "viagem simbólica" pelos seus próprios pais, que também consideram, com poucas exceções, esse modelo de maneira acrítica e imatura. Alguns técnicos e professores também acompanham as crianças no seu jogo simbólico, projetando também os seus sonhos de beira quadra.

Indo um pouco além, muitos pais, técnicos e principalmente dirigentes esportivos pensam e agem com relação à iniciação esportiva como uma iniciação ao mundo do trabalho, imbuindo a prática corporal de valores mercadológicos e dela retirando sua face humana lúdica. Em outros casos, o esporte torna-se uma oportunidade específica de ascensão social, caso do atletismo e do futebol e, em menor escala, do basquete e do vôlei. Em outros esportes mais aristocráticos, prevalece a máscara e a ideologia do esporte pelo esporte, mesmo que haja muito investimento econômico em jogo.

O que fazer diante disso? Uma das respostas a essa realidade, e talvez a melhor delas, é simplesmente brincar!

Para caminhar nesse sentido, proponho:

- a recuperação da tradição dos jogos presentes na cultura corporal;
- a criação de novos jogos fundamentados na tradição;
- a prática crítica, democrática e consciente dos jogos esportivos de massa e a criação de novos esportes.

O JOGO COMO EXPERIÊNCIA SOCIAL

É possível pensar um projeto pedagógico no qual brincar e criar novos jogos, nos quais a autonomia, o êxtase e a alegria sejam as metas, os valores e os objetivos educacionais? Podemos imaginar tardes infinitas de novos jogos, sem hora para terminar, com a participação de todos, pelo puro prazer de brincar. Imaginemos então uma cultura na qual seja possível juntar um grupo de pessoas para criar um novo jogo e depois ensiná-lo a outro grupo, que deverá fazer o mesmo, para que possam, ao final, comemorar o sucesso dessa troca. Jogos nos quais as jogadas e os gols sejam uma bela fração de tempo, acaso, habilidade, malabarismo, circo e magia.

Podemos começar a criar esse mundo agora, assumindo a responsabilidade concreta pelas ações educativas, compreendendo o aprendiz em sua totalidade e dando-lhe oportunidade para que seja autônomo, senhor de sua própria identidade cultural, para que ele seja agente criativo a partir dos elementos de sua cultura e que possa desenvolver ações cooperativas, sem dificuldades para lidar com as diferenças, sejam elas quais forem.

> "A esperança é um condimento indispensável à experiência histórica. Sem ela, não haveria história, mas puro determinismo. Só há história onde há tempo problematizado e não pré-dado. A inexorabilidade do futuro é a negação da história". (Freire, 1999.)

Tal crença no papel do educador é, sem dúvida alguma, condição *sine qua non* para a consecução deste projeto. A criatividade não pode ser oferecida como prato principal sem esse "tempero" de utopia.

Assim, em vez de tratar o jogo como uma guerra, posso escolher deslocar o eixo, não apenas semântico, para a construção e a prática dos jogos e dos esportes como experiências sociais, com um nítido caráter transdisciplinar, realizados como encontro. Isso tem em sua base conceitual a idéia de relação e diálogo entre aspectos reflexivos, estéticos, técnicos e espirituais presentes na atividade corporal organizada e da interpenetração entre filosofia, arte, tradição e ciência. Tal ampliação e imbricação de contextos e dimensões do jogo se fazem necessárias diante dos desafios que o mundo atravessa e que desembocam no dia-a-dia das nossas ações educativas.

Nesse sentido, educar é construir interligações, pontes entre saberes dos mais diversos e não hierarquizados, o que pode ser encontrado no conceito de transdisciplinaridade. Segundo Ubiratan D'Ambrósio:

> "[...] [a transdisciplinaridade] não constitui uma nova filosofia. Nem uma nova metafísica. Nem uma ciência das ciências e muito menos, como alguns dizem, uma nova postura religiosa. Nem é,

como insistem em mostrá-la, um modismo. O essencial na transdisciplinaridade reside numa postura de reconhecimento, onde não há espaço e tempo culturais privilegiados que permitam julgar e hierarquizar – como mais corretos ou mais verdadeiros – complexos de explicação e convivência com a realidade que nos cerca." (D'Ambrósio, 1997.)

Os jogos das diversas culturas trazem em si um tanto de ciência e doses generosas de filosofia, arte e espiritualidade. Nesse sentido, são essas as pontes transdisciplinares privilegiadas e ainda pouco exploradas nos projetos educativos de maneira geral. O prazer contido nas atividades e sua ludicidade, são as ligas necessárias para que o conhecimento neles contido possa ser abordado de maneira ampla, muito além de ser uma simples aquisição técnica. São fazeres e saberes atuando na esfera do ser, sendo nele recriadas. Brincar como forma de conhecer o mundo.

"[...] isso levaria a um predomínio do *aspecto lúdico* no esporte, frente ao chamado *desempenho máximo*. Considero esta uma inflexão particularmente humana [...] a qual, segundo penso, parece ser estritamente contrária às concepções vigentes no mundo." (Adorno, op. cit.)

JOGOS TRADICIONAIS: AS RAÍZES DA CRIAÇÃO

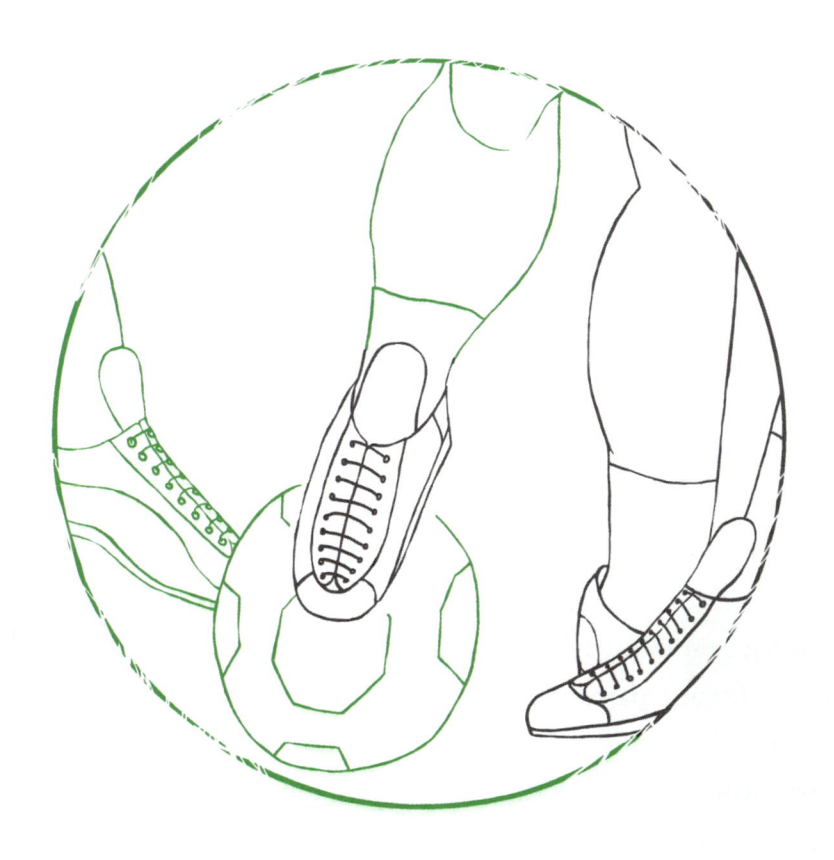

"O plano da natureza dentro de nós é como o projeto de uma casa executado por um arquiteto. Não podemos viver nas linhas traçadas no papel, mas se seguirmos o plano do projeto e o preenchermos com um conteúdo adequado, será construída uma casa. Da mesma maneira, tornamos real nossa casa de inteligência preenchendo o projeto da natureza com conteúdo, o que fazemos respondendo aos nossos modelos. A qualidade da nossa estrutura e o tipo de experiência por que passamos vivendo nela são determinados pela qualidade do conteúdo que construímos; quer dizer, pela qualidade dos modelos que seguimos e pela natureza da nossa interação com estes modelos." (Pearce, 1987.)

Segundo o Dicionário Aurélio, *tradição* significa: "1. Ato de transmitir ou entregar. 2. Transmissão oral de lendas, fatos etc., de idade em idade, geração em geração. (...) 4. Conhecimento ou prática resultante de transmissão oral ou hábitos inveterados. (...)". Seguindo este raciocínio, podemos dizer que os jogos tradicionais são aqueles que, por meio da linguagem, são transmitidos formal ou informalmente como patrimônio de um grupo localizado num contexto histórico e geográfico. Dispõem de flexibilidade inata, uma vez que cada geração acrescenta um dado criativo (nomes, regras, materiais etc.), transformando-os. Mesmo que, em alguns casos, a sua estrutura permaneça intacta.

Exemplos disso não faltam e quase todos nós somos capazes de lembrar os jogos de nossa infância relacionando-os ao contexto do qual faziam parte. Se não conseguimos lembrar é porque foram sepultados na memória, juntamente com toda a carga emocional que os envolveu. Em São Paulo, até algum tempo atrás, era possível brincar nas ruas, sem os perigos que hoje atemorizam (com toda razão) grande parte da população. Podíamos ver o mundo com olhos de oceano. E agora?

Hoje, dada a exigüidade de espaços livres e seguros nas cidades, somos confinados, sem horizontes, cativos diante de terminais de informação, cuja interatividade pouco nos proporciona além de emoções simuladas, deteriorando nossa qualidade de vida, da qual um dos melhores indicadores é o movimento corporal. Os clubes esportivos, além de serem restritos a uma pequena parcela da população, de maior poder aquisitivo, são, muitas vezes, dirigidos e administrados por esquemas rígidos, antidemocráticos e diretivos, não proporcionando o livre prazer de criar e brincar. O mesmo se repete em muitas instituições públicas.

No outro extremo da escala social, a brincadeira dá lugar à violência, à ausência de espaço e de condições materiais (alimentação, saneamento básico etc.) que permitam o livre brincar. Talvez a maior perda, nos dois casos, seja a difícil espontaneidade e a impossibilidade de se construir um universo republicano e democrático a partir da vida nas ruas. A possibilidade concreta de despertar nas crianças o sentido de autonomia, de liberdade e de identidade pessoal e coletiva.

Mesmo assim, movidas por um sentido atávico, as crianças de todas as classes sociais, e em todas as épocas e culturas, brincam e ainda se encantam com as brincadeiras. Mesmo que muitas delas sejam completamente diferentes, a maioria mantém vários traços de identidade. Qual o sentido e a profundidade presentes nestes jogos ainda resistentes?

A partir do momento em que é possível se falar de associação entre crianças, elas passam a compartilhar uma série de bens culturais, entre os quais os jogos tradicionais. Eles são resultado de uma experiência coletiva que se sustenta pela repetição durante muito tempo. São, utilizando a terminologia de Rupert Sheldrake, campos morfogenéticos[1], sujeitos à criatividade de cada geração.

Tomemos como exemplo o jogo de *pular sela*. Com certeza, é um jogo que surgiu juntamente com o uso cultural do cavalo como meio de transporte. As crianças, em um contexto específico, observando o mundo e o modo dos adultos e as habilidades percebidas como necessárias à sua sobrevivência, durante séculos, brincaram de saltar umas sobre as outras, utilizando as mãos e o apoio das costas de outras crianças. São inúmeras as ilustrações e registros que revelam esta experiência. Hoje, apesar de o cavalo ser dispensável no mundo urbano, ainda é possível ver algumas crianças brincando de *pular sela*. Talvez, com o tempo, por desuso, tal jogo desapareça.

Existe algum vínculo entre a criança que hoje pula sela com aquelas que estão fazendo o mesmo no quadro do pintor renascentista flamengo? Os jogos fazem parte de um campo cognitivo-genético, ou morfogenético, com ressonância pela forma? (ver Glossário).

Cabe à ciência comprovar isso. Talvez esse campo de significados tenha sido construído durante milênios e, uma vez solicitado, materializa-se com uma facilidade que está bem longe de constituir um acaso. Isto é um fato que percebo empiricamente, sempre que, em aula, solicito jogos de comprovada antigüidade (*pular sela, queimada, pique-bandeira, mãe-da-rua* etc.). Suponho que os jogos e as danças tradicionais façam parte não só da "memória muscular" dos indivíduos e das culturas, mas que constituam parte da imagem que uma sociedade (e por conseguinte a humanidade toda) tem de si própria, transmitida dentro de um campo informacional eminentemente ativo e criativo.

A esses campos abertos de informação somam-se as necessidades naturais que as crianças de 5 ou 6 anos têm de participar de jogos tradicionais, a começar pela ampliação do caráter simbólico presente nos jogos das idades anteriores, cuja egocentricidade ainda limitava a experiência lúdica do coletivo aos jogos com desenvolvimento simples e dependentes de um sentido pessoal. Ao imitar um tigre em um jogo simbólico, sua ação dificilmente estará relacionada ao desenvolvimento do jogo em si e o grau de interdependência ainda é pequeno para que haja uma expectativa de performance por parte do grupo.

Quando os desafios desta fase tornam-se inócuos, as crianças pequenas, naturalmente, buscam a associação com os jogos coletivos das crianças maiores e dos adultos, em busca de risco e de atividades que exijam maior concentração e desempenho. Podem, potencialmente, combinar diversos gestos e movimentos em um mesmo contexto.

Desembarcam no mundo da cooperação/competição com o que conseguiram desenvolver até então. Passam a vivenciar jogos cuja complexidade é desafio permanente e as ações são interdependentes. Os jogos tradicionais passam, então, a permitir que as crianças experimentem, simbólica e corporalmente, o patrimônio de sua cultura e de sua coletividade. Constituem, cada um dos jogos coletivos, objetos culturais com identidade, conjunto de regras e valores próprios, com os quais cada criança é convidada a interagir. Seu papel e sua identidade no grupo começam então a ser construídos, bem como parte da sua inteligência (ou inteligências), personalidade e auto-estima.

Nos jogos tradicionais, simples e inclusivos, qualquer criança com mínimo aparato corporal consegue realizar as brincadeiras dentro de sua possibilidade.

Quanto de investimento pessoal e institucional já foi perdido ao se menosprezar a importância dos primeiros contatos das crianças com os jogos tradicionais... Ao se enfatizar a competição, a performance e o desempenho, afirma-se a exclusão daqueles que, por inexperiência ou por dificuldades em vários níveis, não conseguem atender às expectativas do grupo, amplificadas, em certos casos, pelo aval do adulto dirigente.

As conseqüências desta visão permitem, principalmente nos estratos sociais mais elevados, a gênese de intelectuais competitivos sem o menor autoconhecimento e sentido de pertinência social, desvinculados de qualquer compromisso com a sociedade. O perfil existencial dos construtores de bombas atômicas, provavelmente, deve revelar inúmeras infâncias malsucedidas.

Neste sentido, ao lidar com a tradição presente nos jogos devemos, em primeiro lugar, contextualizar esses jogos no que consideramos (adultos e crianças) valores a serem mantidos ou transformados. Requer que haja senso crítico e visão histórica por parte dos interventores educacionais para que consigamos ver o grupo e os indivíduos que interagem com os jogos em questão. Devemos nos perguntar que aspectos do mundo adulto estão sendo postos (ou impostos) ao mundo infantil e não isentá-los de análise crítica ou historicidade.

Posso citar como exemplo de possibilidade de reflexão e de crítica o tradicional jogo de *barra-manteiga*. Em sua forma original é um jogo de duas equipes, posicionadas em fileiras (horizontalmente) e frente a frente, com certo espaço de separação. É um jogo que desenvolve a velocidade, o tempo de reação, o senso de escolha etc. Visto de forma neutra e acrítica, é um jogo com inúmeras qualidades e de fácil execução. Provavelmente deve sua forma mais conhecida à colonização portuguesa e à sua visão escravocrata. Basta lembrar a sua evocação: "barra manteiga / na fuça da nega...". Com certeza, se não houver um mínimo senso crítico por parte do professor, que permita sugerir outras linguagens evocativas ao dar a conhecer às crianças as origens sociohistóricas deste jogo, perpetuarão-se, de maneira nem um pouco sutil, o preconceito e o racismo contidos em sua origem.

Por outro lado, ao brincar de caçadores, como nos jogos de perseguição ou de *queimada*, pode-se recontar e reviver o caráter de sobrevivência contido em uma fase da história humana em que saber arremessar poderia significar algo para comer.

Estes dados são o núcleo de significado contido nos jogos tradicionais e são fundamentais na formação de cidadãos com senso de cooperação desenvolvido. Podemos construir a tradição no dia-a-dia, ao mesmo tempo que podemos ser construídos por ela, seja como corpo físico individual ou social. A escolha de valores e significados pode ser determinante e nos responsabiliza, em parte, na construção da ética que permeia toda a nossa coletividade.

CARACTERÍSTICAS DOS JOGOS TRADICIONAIS

Chamamos jogo tradicional aquele que se constrói culturalmente no espaço (quadra, praia, campo ou outro qualquer) e com os materiais disponíveis. São como os bons vinhos: têm diferentes sabores e nomes em diferentes épocas, regiões e culturas. Pesquisá-los lhes confere uma dimensão sociohistórica na qual as identidades coletivas podem ser constantemente ressignificadas. Nesse processo, os jogos podem ganhar mais expressão e vida, assumindo seu papel importante na cultura local, garantindo sua existência.

Os jogos tradicionais também são as pontes entre as gerações. Os jogos podem ampliar os laços e vínculos entre as diversas faixas etárias, renovando o campo informacional das culturas tradicionais, constantemente destruídas e deformadas pelos jogos de massa. Assim, pais, filhos e avós podem reconhecer-se como parte de uma mesma cultura, na qual os valores humanos podem ser celebrados em suas manifestações culturais. O jogo tradicional é parte dessa expressão.

Os jogos tradicionais apresentados neste livro são de autoria coletiva. São elementos de uma tradição que, aos poucos, foi se construindo nas aulas de educação física e nos recreios do Colégio Oswald de Andrade Caravelas, na Vila Madalena, em São Paulo[2]. Os nomes e os jogos aqui apresentados são aqueles que fazem parte da memória e da tradição de seus alunos e professores. Este patrimônio cultural é livre para uso e abuso.

Estes jogos foram sistematizados e desenvolvidos dentro de um contorno institucional e sempre sob a direção, intervenção e controle da comunidade escolar (orientadores, professores e auxiliares) e como parte dos trabalhos escolares. Aqui foi possível escolher que aspectos (valores) dos jogos seriam focalizados. Os jogos tradicionais são temas desenvolvidos como parte das aulas de educação física ou como pontes transdisciplinares, propondo a construção de um conjunto de procedimentos, atitudes e conceitos necessários à sua prática.

A organização dos jogos como forma de trabalho escolar, sua sistematização e sua otimização, fez com que alguns deles ganhassem forma diferente da original, parte de cultura espontânea de rua.

Nas últimas décadas, a escola recriou parte dessa dimensão pública, propondo que houvesse maior controle social dos jogos, imediata mediação de conflitos, aplicação de regras, de normas e de sanções. É preciso enfatizar que, diante desse contexto em que o institucional assume o espaço da rua, a necessidade da brincadeira espontânea surge como elemento vital no espaço educacional. Ou seja, é preciso brincar, mesmo que isso signifique, inevitavelmente, a presença mediadora do adulto. Para isso, é necessário um tempo rerservado no horário escolar, principalmente na educação infantil para a brincadeira, não apenas considerada como um gasto do excedente acumulado nas salas de aula, e sim como espaço vivo, livre e criativo, com a participação não-diretiva do educador. É dessa espontaneidade do brincar que individualidades criativas são forjadas em vez de seres acríticos e massificados. Letrados, porém desprovidos de criatividade.

Além disso, há, aqui, a crítica à tendência educacional de homogeneizar faixas etárias e de gênero como maneira de otimizar o ensino (notadamente o das habilidades desportivas), o que nem sempre resulta em sucesso, vide a violência e o machismo presentes nas aulas e nos recreios vivenciados nas quadras escolares públicas e privadas, nas quais ainda prevalece a "lei do mais forte", o que interfere drasticamente na ludicidade e na estética dos jogos. Saber conviver nasce da experiência, e não da idéia da convivência.

Brincar como um dos pressupostos da educação infantil e, a partir daí, nas faixas etárias posteriores, desenvolver maior convivência lúdica entre meninos e meninas, além da monitoria dos alunos mais novos pelos mais velhos nas mais diversas atividades, orientados, por sua vez, pelo corpo docente, podem ser uma contrapartida a essa realidade.

Pode-se iniciar esta aprendizagem junto a uma instância segura – aulas podem ser bons momentos – mas que prossiga na direção da autonomia, mesmo que esta iniciação aos jogos faça parte dos trabalhos escolares. O principal momento de aplicação e de desenvolvimento deste conjunto de jogos é justamente quando estes são parte do tempo livre de seus participantes, de maneira não obrigatória, tal como no recreio das escolas ou mesmo nos espaços comunitários viáveis, longe da mediação externa.

A aplicabilidade dos jogos tradicionais no ambiente escolar não requer muito. Seus materiais são simples, bem como o espaço exigido para sua prática. Cada momento exige atenção plena para se perceber o que alterar e quando, além, é claro, de saber o momento de parar e mudar. Cada educador sabe o momento em que isso acontece. Além disso, é muito comum em nossa cultura que crianças em torno dos 10 anos de idade (em alguns casos até bem menores) demonstrem certa resistência em participar de jogos com baixa competitividade, distantes dos modelos esportivos hegemônicos. No entanto, também é comum que se divirtam bastante quando o adulto que propõe estas brincadeiras participa e demonstra, objetivamente, sem discursos moralizantes, que o prazer de brincar está no centro da atividade e não nos resultados numéricos dos jogos competitivos.

Competir faz sentido quando realizado em um contexto seguro de ludicidade (saber brincar), de cooperação, de respeito e de paz. Também é necessário respeitar as características do desenvolvimento orgânico dos educandos, o que requer um bom conhecimento teórico por parte dos educadores. É muito comum vermos crianças que deveriam apenas brincar, sendo submetidas a rotinas de treinamentos que não fazem nenhum sentido, a não ser satisfazer a vaidade e certo sadismo de pais e técnicos despreparados.

É também evidente que os conflitos surgidos nos jogos competitivos têm sua importância. Atitudes e sentimentos dos educandos durante a atividade, quando discutidos em grupo, podem ajudar a revelar e, conseqüentemente, a superar dificuldades pessoais, com o apoio afetivo deste mesmo coletivo. Posições opostas também aparecem durante jogos e em suas avaliações, o que deve ser sempre um foco de atenção e de consciência de todos. A oposição está na raiz da liberdade e as normas e regras não devem asfixiá-la. A experiência social presente nos jogos permite que todas as vozes sejam ouvidas e as oposições balizadas e respeitadas. Este nível de competição interpessoal amadurecido e civilizado permite o exercício que contextualiza a ação individual na dinâmica coletiva, apontando para uma percepção maior de si mesmo e na relação com todo o restante. A autonomia na resolução dos conflitos naturais decorrentes da vida em grupo é um objetivo educacional que está muito além da atividade corporal, e deveria ser parte das práticas emancipadoras de qualquer área do estudo.

FOCOS DE ANÁLISE NOS JOGOS TRADICIONAIS

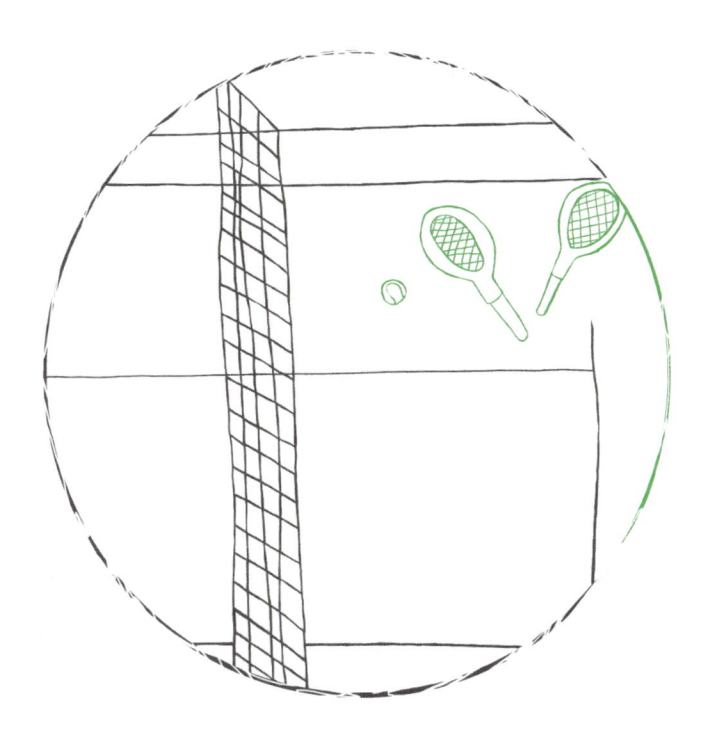

Os focos de análise nos jogos tradicionais são: organização espacial, levantamento dos materias e instalações disponíveis, e estudo e prática dos jogos tradicionais do coletivo por meio dos seus elementos variáveis (espaço, regras, materiais e habilidades).

O modelo do jogo, ao ser exposto numa lousa, facilita a visualização dos fatores que compõem o jogo e a percepção dos limites espaciais e das habilidades requeridas para a sua prática. Todos os jogos aqui apresentados podem ser expostos desta maneira, organizando o pensamento e facilitando a referência para os alunos quanto ao aspecto abordado do jogo.

O espaço em que o jogo será realizado é percebido por meio da representação em planta baixa de suas linhas, abstraindo uma relação até então perceptível apenas dentro da experiência concreta. A simbolização do espaço aponta para a sua operacionalidade concreta, aspecto fundamental em uma possível e desejável criação de jogos.

O conhecimento acerca das instalações do espaço de jogo e dos materiais disponíveis para o grupo aponta para o seu uso adequado, seguro, com plena atenção aos cuidados necessários para o seu manuseio. Também revela as condições materiais da comunidade escolar e informa acerca de suas necessidades, além de indicar formas de obtenção dos materiais necessários ao jogar e ao brincar. Este reconhecimento é fundamental na apropriação do espaço tanto físico como social, e de suas leis físicas, da velocidade, da força e da intensidade necessárias, para cada qual como indivíduo e parte de um coletivo, interagir com o ambiente.

Desta maneira, cada jogo alcança a dimensão de um constructo, uma idéia passível de representação, de articulação e de transformação, um campo de significados consoantes aos seus significantes e compreendidos pelo espírito ativo do grupo (campo morfogenético? Inteligência coletiva? – ver Glossário), em pleno processo de intercomunicação. Até aqui já foram trabalhados aspectos sociais do jogo, tais como a cooperação, o respeito às diferenças, a ação voltada para a paz, a organização no tempo para o desfrute por meio do prazer de jogar. Tal prontidão é o que permite o próximo passo: a criação.

CRIAR JOGOS

"Todo jogo se move e tem existência dentro de um espaço previamente demarcado tanto em termos materiais como ideais, com intencionalidade ou ao acaso... A arena, a mesa de cartas, o círculo mágico, o palco, a tela, a quadra de tênis, a corte de justiça etc., todos esses espaços têm forma e função de locais onde se joga; isto é, de locais proibidos, isolados, cercados, consagrados, nos quais são observadas determinadas regras. São todos universos temporários, inseridos dentro do universo comum, mas dedicados ao desempenho de um ato isolado." (Huizinga, 2005.)

Uma vez alcançada a maturidade lúdica, o que pode variar de grupo para grupo, é possível propor que se misturem os elementos já trabalhados de espaço (linhas), materiais, regras, habilidades principais e estratégias do grupo. Este patrimônio coletivo é o substrato sobre o qual a experiência criadora se dará com fluência e significado. Partindo das idéias mais simples para as mais complexas, podemos alterar os fatores comuns para criar novos jogos. Podemos propor:

- Alterar os espaços dos jogos conhecidos: que tal jogar o *pique-bandeira* na diagonal? Isso mudaria as estratégias em relação ao original?
- Alterar os materiais: que tal jogar futebol com duas bolas, sendo que uma deve ser arremessada à cesta na conclusão da jogada enquanto a outra deve ser chutada ao gol?
- Alterar as habilidades necessárias ao jogo conhecido: por que não jogar *queimada* rebatendo uma bola leve, em vez de arremessá-la? Ou jogar *tripebol* rolando a bola, em vez de arremessá-la?
- Alterar as regras do jogo conhecido em virtude das mudanças nos espaços, materiais e habilidades necessárias ao jogo.

Tais alterações podem ser sugeridas como um trabalho gráfico no qual uma exposição de "espaços diferentes" possa ser apreciada pelo grupo. O projeto deve ser precedido da construção de uma listagem do material disponível para que se enriqueçam as referências necessárias ao ato criador.

A construção de materiais de sucata pode ser uma atividade que ajude a relacionar a natureza do material ao seu uso. Desta forma, garrafas pet, caixas de leite longa vida, meias usadas, pedaços de mangueira, cabos de vassoura, por exemplo, podem ser transformados em pinos de boliche, *garrafobol* ou linha de mira; "tijolos" de papelão com uso extenso e diverso; bolas de meia, aros plásticos e bastões de maculelê[4], podem servir para salto em distância na grama, tripés para os diversos tipos de *tripebol* e muito mais. A criatividade na construção de materiais alternativos é infinita.

Compreender tal proposta significa evidenciar na experiência lúdica seu potencial transformador, pois:

- Reconhece quem joga como o foco da experiência e não mais se comparam rendimentos, dados, performances e resultados numéricos que, embora possíveis, passam a ter uma importância menor neste contexto. O ser é considerado em sua totalidade e potência.

- Respeita a identidade cultural do jogador, considerando-a fonte de sua abordagem particular de motricidade, de um conjunto próprio de habilidades corporais, regras e espaços, utilizando os locais e materiais disponíveis.
- Utiliza novas técnicas e habilidades corporais individuais e coletivas que passam a ser requeridas diante dos novos desafios corporais propostos pelos jogos.
- Aponta para a importância do planejamento prévio, no qual a razão, a imaginação e a intuição são parceiras permanentes.
- Introduz elementos reflexivos, filosóficos e estéticos ao se compartilhar em grupo as experiências lúdicas, registrando-as e discutindo-as. Talvez esse seja o elemento transformador mais evidente do processo, pois é o que permanece indefinidamente após a experiência.
- Desenvolve os valores de cooperação e, principalmente, de apoio mútuo. O educador facilita para que todos tenham vez e voz, e para que as eventuais dificuldades individuais possam ser responsabilidade de todos, uma vez que em um coletivo operante isso se faz necessário. Neste caso, a experiência transcende os seus aspectos técnicos e se transforma potencialmente em fonte de crescimento espiritual.

> "Dogmas, mistérios e ritos não conduzem à vida espiritual. Educação, no seu verdadeiro sentido, consiste em levar a criança [nota do autor: *ou o aprendiz,* seja ele quem for] a compreender suas próprias relações com as pessoas, com as coisas e com a natureza." (Krishnamurti, 1993.)

Penso nestas estratégias com antídotos necessários ao veneno da cultura corporal de massas, e que, segundo penso e creio, deveriam fazer parte dos programas de atividades corporais, seja no ambiente escolar, seja nos espaços de educação não formal.

Para um jogar criativo, o educando deve estar conectado à sua identidade cultural, para que possa criar e participar de novos jogos, tecendo novas e libertadoras experiências sociais que tenham em sua base a reflexão, a autonomia, o respeito e a cooperação. Sem isso, apenas reproduziremos os modelos criados pela ideologia, muito longe de uma verdadeira cultura de paz. A urgência, nesse sentido, não é casual. Precisamos agir agora para que, a tempo, nossos saberes não se voltem contra nós.

Neste momento histórico nosso conjunto de saberes e conhecimentos nunca esteve tão acessível a novas conexões e inter-relações, impondo-nos um desafio maior ainda.

> "Paradoxalmente, tudo está estabelecido para nossa autodestruição, mas tudo também está estabelecido para uma mutação positiva comparável às grandes reviravoltas da história. O desafio da autodestruição tem sua contrapartida na esperança do autonascimento. O desafio planetário da morte tem sua contrapartida numa consciência visionária, transpessoal e planetária, que se alimenta do crescimento fabuloso do saber. Não sabemos para que lado penderá a balança. Por isto é necessário agir com rapidez, agora. Pois amanhã será tarde demais."
> (Nicolescu, 2001.)

VALORES E CRITÉRIOS DESENVOLVIDOS NA CRIAÇÃO DE JOGOS

Inclusão e participação

Um dos critérios mais importantes a ser lembrado nas rodas de avaliação é se o jogo criado pelos educandos possibilita que todos participem do jogo do início ao fim, sem formas de saída permanente. Este critério evita elementos de exclusão como nos jogos em que "quem erra, sai". A punição presente neste tipo de sanção é inadequada ao tipo de proposta na qual a inclusão é elemento de suporte.

Cooperação e competição

Como estabelecer uma justa discussão acerca desta polaridade? Como negar que a competição e a oposição entre equipes, visando a metas opostas, estejam na base dos jogos mais vibrantes e emocionantes? Como não vincular essa motivação à construção de estratégias cooperativas nas quais a inteligência coletiva (tomo o termo emprestado do sociólogo Pierre Levy) possa se manifestar?

Segundo Levy,

> "[...] a inteligência coletiva não é um tema puramente cognitivo. Só pode existir desenvolvimento da inteligência coletiva se houver o que eu chamo de cooperação competitiva ou competição cooperativa. Retomando o exemplo da comunidade científica, podemos dizer que se trata de um jogo cooperativo, já que se acumulam conhecimentos, há um progresso do saber etc. Mas isso só é um processo cooperativo e plenamente cooperativo porque também é um processo competitivo. Se não houvesse a liberdade de propor teorias opostas àquelas que são admitidas, evidentemente o progresso nos conhecimentos seria muito menor." (Levy, 2006.)

Evidentemente que contextos diferentes propiciarão focos diversos entre cooperar e competir. Não se pode afirmar categoricamente que um ou outro pólo seja absolutamente melhor ou pior. A variedade de contextos, na verdade, é o que permite escolher qual aspecto valorizar. Já trabalhei com grupos nos quais era importante valorizar a competição, visto que o excesso de cooperação, sentida até como obrigatória, tornava alguns jogos monótonos, pois eram sentidos como pouco desafiadores. Em outros grupos ocorria exatamente o contrário, visto o excesso de competitividade que, muitas vezes, beirava a violência. Em qualquer um dos casos, o alto grau do desafio (cooperar ou competir) é o que proporciona os melhores desequilíbrios, aqueles necessários para se andar para frente. Esta possibilidade de escolha sempre pode atuar no sentido de se esclarecer quais os limites de cada pólo, valorizando-os nos seus melhores aspectos.

> "Todos temos a experiência de que é complexo discernir em cada momento ou situação se devemos ser cooperativos ou competitivos, discernir quando devemos agir cooperativamente e

quando competitivamente. Discernir significa estabelecer que regra ou valor geral deveríamos aplicar em cada situação ou solução de um problema particular. Talvez seria mais fácil escolher apenas um desses valores como critério de orientação e apostarmos todas as nossas fichas nele. Ou, talvez, deveríamos tentar conciliar valores contraditórios, encontrar uma fórmula adequada de convivência e de compensação. Diria, então, que a minha terceira constatação é de que a sociedade demanda condutas opostas ou contrárias e que as demandas contrárias de valores orientadores das condutas solicitam escolha ou conciliação." (Lovisolo, 1997.)

Sobre o primeiro extremo, o da competição, não é preciso falar muito. Os excessos são tão visíveis e tão profundamente enraizados em nossa sociedade que podemos claramente afirmar que o equilíbrio está justamente no fortalecimento do pólo oposto, o da cooperação.

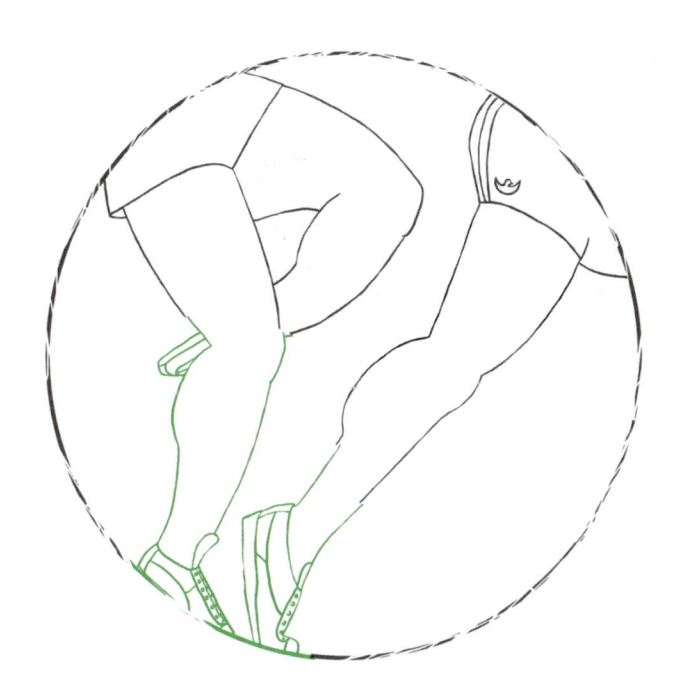

No entanto, não se pode afirmar que a cooperação obrigatória, compulsória, no outro extremo, seja necessariamente melhor[5]. Ela é contrária a uma pedagogia que afirme a autonomia. A idéia de paz não pode ser vinculada apenas a aspectos cooperativos, embora a cooperação e seus valores normativos sejam a base sobre a qual a vida coletiva deve repousar.

A construção de uma cultura de paz também exige o exercício pleno da atenção, com altos níveis de desafio, o que varia de pessoa para pessoa, de grupo para grupo, no emprego de nossas melhores capacidades e habilidades, resguardadas e respeitadas nossas belas diferenças. Requer que haja uma cultura cooperativa em permanente construção, com o desenvolvimento das diversas competências e habilidades muitas vezes estimuladas pela competição. Novamente, é uma questão de discernimento da demanda socioafetiva. Os valores de respeito à integridade pessoal e alheia, e o atendimento às regras combinadas diante do grupo, garantem que o jogo possa ser feito com sua dose de cooperação e competição no nível estimulante do desafio. Este equilíbrio é a mola-mestra deste projeto.

Estes momentos de equilíbrio entre cooperação e competição são únicos e ativam uma grande mobilização de recursos em todos os níveis. O alto grau de satisfação alcançado nas práticas dos jogos de criação pode, sem sombra de dúvidas, situá-los no que se conhece por experiência de fluxo. Segundo Mihaly Csikszentmihalyi,

> "o *fluxo* tende a ocorrer quando as habilidades de uma pessoa [nota do autor: ou grupo] estão totalmente envolvidas em superar um desafio que está no limiar de sua capacidade de controle. Experiências ótimas geralmente envolvem um fino equilíbrio entre a capacidade do indivíduo de agir e as oportunidades disponíveis para a ação." (Csikszentmihalyi, 1999.)

VALORES E CRITÉRIOS DESENVOLVIDOS

Tais situações são freqüentes na educação física e creio que esse é um dos fatores que a torna tão atraente aos alunos. No equilíbrio entre cooperação e competição reside o *fluxo* dos jogos[6]. Os desafios são particulares e coletivos. As metas são pessoais e grupais. Mantemos a nossa identidade e, ao mesmo tempo, participamos como elementos de um coletivo. Tais tensões são geradoras de descobertas e são altamente estimulantes.

No jogo de criação, devido a catalisadores como a identidade dos autores e do grupo lúdico ativo, tal fluxo é amplificado ao máximo. É o que poderia ser chamado de ludicidade. Quando há o fluxo, ou seja, quando o laboratório não explode, o grupo reconhece o jogo como altamente lúdico. Quando a ludicidade está em jogo, facilmente o grupo reconhece que o jogo não funcionou. As crianças são as grandes mestras do jogo.

Flexibilidade e aplicabilidade de regras

Todo jogo pode ser alterado. Tal "axioma" é fundamental para que se possa falar da flexibilidade e da aplicabilidade das regras. A história é repleta de exemplos de como as regras dos esportes foram sendo adaptadas para assumir a forma que têm hoje. O basquete, por exemplo, começou a ser jogado com nove jogadores de cada lado, devendo a bola ser arremessada dentro de um cesto de pêssegos, acionados por uma cordinha para repor a bola. De lá para cá, evidentemente, muita coisa mudou. E mudará. Sempre afirmo aos meus alunos que os esportes foram, um dia, jogos de criação, embora não tivessem esse nome. As regras atuais também mudarão. Elas seguem as mudanças táticas e vários contextos que se alteram no decorrer dos anos. Se assim é com estruturas tão aparentemente rígidas quanto aquelas do esporte, por que deveria ser diferente com os jogos tradicionais?

Regras muito restritivas ou pouco claras também interferem no resultado final de um jogo de criação. As regras devem ser imaginadas para facilitar o jogo e não para ser uma coleção de negativas. É muito comum as crianças perceberem apenas o caráter restritivo das regras e não os seus aspectos organizadores. Por outro lado, regras muito abertas não favorecem o desafio do controle, o que interfere no fluxo. Por exemplo, é muito mais fácil jogar futebol sem lateral. No entanto, apenas jogando com a linha é possível desenvolver o controle necessário para não deixar a bola sair. O nível de aplicabilidade das regras, ou seja, até que ponto estas facilitam ou dificultam o jogo, está em relação direta com o dinamismo dos jogos.

Sistema de pontuação proposto

O sistema de pontuação demarca o ritmo de um jogo. Complexas metáforas podem ser criadas a partir do desenrolar de um jogo por meio da maneira como se pontua. Há quem associe o jogo de basquete ao "toma lá, dá cá", semelhante ao que acontece no mercado e na bolsa de valores, com movimentações rápidas e estratégias coletivas com resultado imediato.

Por outro lado, o fluxo do jogo de futebol sugere uma atividade em que a tensão aumenta seguidamente, aumentando progressivamente a carga e a excitação dos jogadores e da torcida até explodir no clímax de um gol[7]. Por outro lado, também pode haver um empate sem gols e sem emoção. As evidentes diferenças culturais explicam, em parte, o porquê de o futebol conhecido nos Estados Unidos como *soccer* não ter tanto sucesso no país, ao contrário do que ocorre na Europa. Para a cultura norte-americana do espetáculo, é impensável um jogo no qual é possível um empate sem gols. Não justificaria o preço do ingresso. Para o restante do mundo, que não dorme durante uma Copa do Mundo para acompanhá-la, isso pouco importa ou importa muito menos.

Transportado ao nível dos jogos criados pelos alunos, esta questão é muito importante. Se jogado em um campo ou em uma quadra, o jogo de criação deve permitir que haja uma integração entre elementos funcionais e estratégicos que permitam o seu fluxo. Como freqüentemente as aulas de educação física ocorrem em quadras, o sistema de pontuação costuma acompanhar as dimensões do espaço. Portanto, se considerarmos o tempo de uma hora de aula (supondo que demore 15 minutos para a exposição, 30 minutos para a prática e mais 15 minutos para a avaliação), sobrarão 30 minutos para que a pontuação se revele como parte positiva da motivação proposta pelo jogo, ou não. Se, por um lado, o jogo é dinâmico, com muitos reinícios, também pode ser pouco participativo ou pouco articulado. Por outro lado, um jogo bem articulado, mesmo com poucos pontos, pode ser uma brincadeira legal. Também pode acontecer o oposto. O grau de inter-relação e interdependência proposto pelo jogo demonstrará sua capacidade de mobilizar o grupo. Cabe ao educador perceber e apontar as possibilidades latentes em cada jogo e colocá-las para serem discutidas em grupo.

Também é possível desenvolver novas maneiras coletivas de se avaliar qualitativamente um jogo de criação. Bolas na trave ou jogadas de efeito poderiam também fazer parte da pontuação, contrapostas a faltas violentas, por exemplo, com sanção na contagem de pontos. Isso levaria a uma busca permanente de um sentido estético nos jogos.

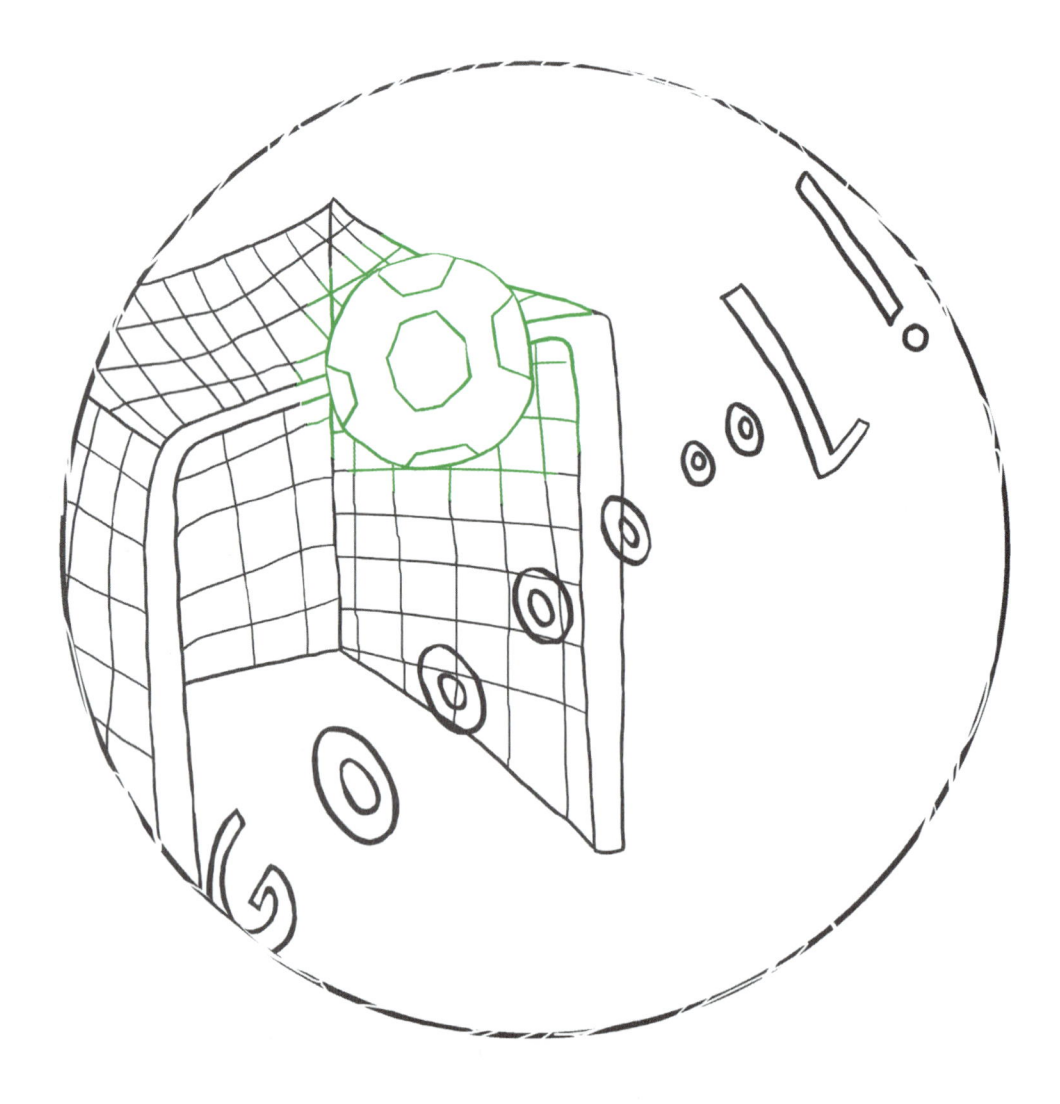

VALORES E CRITÉRIOS DESENVOLVIDOS

Nível de complexidade do jogo

É muito comum que algumas crianças imaginem que um jogo com muitos materiais é melhor do que outro com poucos. Isso revela, em parte, um caráter consumista de alguns, apoiado no ideal de "quanto mais, melhor". Na prática, é exatamente o contrário. Jogos com muitos materiais costumam ficar emperrados, com pouca articulação entre os jogadores. Por outro lado, dependendo do número de participantes, pouco material também pode significar pouca participação.

Tal convergência entre o espaço disponível para o jogo, os materiais, o número de participantes e as habilidades articuladas envolvidas na sua prática, parece seguir uma lógica matemática complexa: quanto mais materiais, maior a entropia, ou seja, maior o grau de desordem. Quanto menor o espaço, também. O mesmo ocorre com o número de participantes em relação ao material disponível. Quanto às habilidades requeridas, o nível de desafio deve estar à altura da capacidade do grupo em desempenhá-las. Esta percepção da complexidade dada pela experiência é crucial na criação de jogos cada vez mais fluentes. O jogo talvez seja o modelo pedagógico ideal para se desenvolver a percepção concreta da complexidade, da visão sistêmica e da não-linearidade do conhecimento e da cognição.

A brincadeira da "explosão (ou não) do laboratório", na verdade, é uma metáfora do trabalho científico, embora também possa relacioná-lo ao trabalho alquímico ou à arte culinária. Na verdade, trata-se de misturar os ingredientes (materiais e número de participantes) de determinada maneira (habilidades requeridas e ações de jogo) em espaço estabelecido (quadra? cadinho? caldeirão? tubo de ensaio?) a partir do teste de uma receita ou hipótese (planejamento, regras, procedimentos e avaliações). Criar jogos é um exercício espiritual, científico, estético e filosófico estimulado pela imaginação, organizado mentalmente pela lógica, promovido e concretizado pela energia e pela vontade.

Natureza do contato físico

Qual a importância do contato físico nos jogos? O limite traçado entre um contato mais intenso, mas permitido pelas regras, e a violência é, com freqüência, desrespeitado nas imagens que observamos na mídia, no esporte profissional. Esse modelo, na verdade, sustenta a "lei do mais forte", da superação do adversário a qualquer custo, inclusive com o uso da violêcia. É essa a imagem transmitida dia-a-dia por todas as TVs do mundo. Nos monitores dos gamesessa realidade violenta é extrapolada ainda a níveis mais absurdos e sangrentos.

Se levarmos em conta que existe uma relação direta entre a imagem apresentada, a imagem subjetiva e a resposta motora de quem interage[8] com ela (basta imaginar aquela situação em que nossos pés vão procurando alcançar a bola perdida, "junto" com o jogador de futebol da TV), logo concluímos que com a violência deve acontecer o mesmo. Imagens violentas também devem promover respostas motoras (fuga ou luta) em quem interage com elas. A diferença é que esta contração muscular é menor, como ocorre nos sonhos. Ao corrermos no universo onírico, movimentamos os mesmos músculos, mas com menos intensidade.

Assim, não é difícil concluir que muitas das atitudes violentas que algumas crianças apresentam estão impregnadas em suas memórias musculares pelas imagens televisivas e dos games. Experiências valorizadas no sentido contrário podem e devem construir outra realidade mais concreta e menos virtual, mais pacífica e menos violenta. Se um jogo apresenta, em suas condições iniciais, regras que possibilitam a violência, essas devem ser criticadas em sua permanência. Os limites da experiência lúdica estão bem aquém das possibilidades violentas prescritas por um jogo qualquer, e o papel e o posicionamento do educador devem ser claros em relação a isso. Como imagina Adorno, a educação deve servir de meio para que a nossa consciência rejeite, racionalmente, a violência:

VALORES E CRITÉRIOS DESENVOLVIDOS

> "Com a educação contra a barbárie, no fundo, não pretendo nada além de que o último adolescente [...] se envergonhe quando, por exemplo, agride um colega com rudeza ou se comporta de um modo brutal com uma moça; quero que por meio do sistema educacional as pessoas comecem a ser inteiramente tomadas pela aversão à violência física [...]." (Adorno, 1995.)

Esta rejeição à violência é condição básica para a formulação dos jogos de criação voltados à construção de uma cultura de paz. Isso não significa que não haja contato físico nos jogos. Tal contato físico deve ser contextualizado para que não se banalize esta questão, lançando o dinamismo dos jogos para uma esfera conceitual distante do real.

As artes marciais indicam um caminho claro para podermos refletir e situarmos os limites da força física e de seu uso, principalmente aquelas nas quais ela é trabalhada no sentido de se cultuar o autoconhecimento, o que pode e deve ser potencializado pela presença e pela ação de um oponente. Desta oposição saem fortalecidos os dois participantes, sem que se tornem violentos, bárbaros e desumanos, mas exatamente o oposto disso: seres cada vez mais pacíficos, civilizados e, por que não dizer, divinos.

Possibilidades estratégicas

Quando um grupo desenvolve relações sociais e afetivas harmoniosas, as construções de jogos refletem este fato na criação de condições de jogo participativas e cooperativas. As crianças neste nível de maturidade sempre lembram, ou devem ser lembradas, de que todos devem participar à sua maneira, com seu estilo próprio. Isso nos indica o processo contrário da fábrica de violência dos games e esportes de massa. Se eles, por um lado, constroem a barbárie e a exclusão, nós, por outro lado, podemos ser produtores ativos de propostas pacíficas e participativas. As estratégias construídas pelos grupos são reflexos desta realidade.

Na estrutura de um jogo residem as suas possibilidades estratégicas. Sua arquitetura determina como serão combinadas as habilidades entre os participantes para superar o tipo de desafio proposto. O espaço combinado e o grau de habilidade do grupo em se articular e utilizar os materiais de jogo parecem ser altamente estimulantes. Também é um desafio lógico encontrar, entre as regras formuladas, possibilidades de articulações e estratégias criativas. Durante a aplicação dos jogos, tais afirmativas encontram o seu lugar. Muitas vezes a intervenção do educador deve ser no sentido de dar tempo para articulações entre os participantes do grupo (o que os alunos, em círculos, chamam de fazer "planinhos").

Em seguida, na aplicação destas estratégias há, novamente, e em alto grau, a presença do fluxo. O desafio ganha, então, outro contorno, partindo da maior para a menor entropia por meio de uma maior organização. A estratégia do jogo faz com que os elementos estéticos novamente ganhem seu espaço de ação e de reflexão, apontando para uma dimensão mais organizada e notadamente mais participativa do jogo.

O que determina a ludicidade de um jogo é o grau de habilidade pessoal e grupal em relação ao grau do desafio proposto, ou seja, se um jogo é muito difícil e a habilidade para executá-lo for pouca, isso apenas gerará ansiedade. Por outro lado, se o desafio for fácil e as habilidades que o grupo possui para executá-lo estão além do proposto, a resposta variará entre a apatia, o tédio e o relaxamento (ver Anexo). No entanto, se há correspondência em alto grau entre o desafio proposto e a habilidade requerida, a atenção é plenamente solicitada e as estratégias de grupo são postas em ação coletivamente (ocorre o que se poderia chamar de fluxo grupal). Nesse momento ocorre a magia do jogo, aquilo que nos encanta[9].

Autonomia

Na raiz da palavra está a chave do conceito: autônomo significa aquele que é regido por leis próprias. Na base desta visão pedagógica, que nos leva a criar e a interagir com novos jogos, está a idéia de que a busca do humano no humano passa por sua capacidade de escolher e reger o seu próprio destino. Criar novos jogos é um exercício de autonomia. Uma maneira de expressar identidades individuais e grupais por meio de atividades coletivas lúdicas nas quais seus criadores se reconhecem por inteiro, como autores do seu próprio fluxo. Os jogos revelam as faces de seus autores, suas expectativas e sua visão de mundo. Neste processo, os autores dos jogos descobrem-se como agentes transformadores de sua própria realidade. Em vez de apenas aceitar aquilo que é fornecido pela cultura de massas, o processo de criação de jogos permite o contato com a cultura resistente e com a tradição de seus jogos para depois recriá-las, renová-las.

Esses sentidos, presentes em todos os momentos do processo, apontam para a construção do sujeito individual e coletivo, crítico e atuante, sem a qual é impossível pensar em cidadania plena e consciente. Esta consciência nasce da experiência, da prática constantemente reavaliada, do conhecimento e da antecipação das conseqüências, como nos planos e nas estratégias coletivas de jogos postos em prática nas aulas. Este sujeito se constrói afirmativamente, como nas palavras do educador Paulo Freire: "Quanto mais me torno capaz de me afirmar como *sujeito* que pode conhecer, tanto melhor desempenho minha aptidão para fazê-lo".

No final deste processo, posso ver meus alunos brincando em suas horas de lazer, utilizando com prazer os jogos por eles criados. Também vejo os alunos das séries menores brincando com tais jogos criados nas aulas de criação da educação física dos maiores. Nessa hora percebo que a tradição dos jogos pode ser constantemente recriada por uma cultura viva, que aos poucos, sobretudo nas grandes cidades, pode resistir à ausência de espaço e de condições materiais para o seu desenvolvimento pleno. Quantos jogos, que hoje são tradicionais no colégio, foram um dia criados no laboratório?

Porém, não é fácil competir com os jogos esportivos que promovem maior prestígio social por meio de campeonatos e torneios. Se a cultura de criação de jogos fosse mais ampla, talvez fosse possível marcar encontros entre escolas, clubes, associações[10], nos quais se jogaria de diversas maneiras, por meio de equipes separadas ou mistas, com trocas de jogos criados dos quais todos os interessados pudessem participar. Não se perderia nem a emoção da competição nem o investimento na curiosidade. Isso sem contar que não seria necessário extinguir o bom e velho futebol, só para citar um exemplo. A tarefa seria apenas ampliar o encantamento proveniente do fluxo pelo qual somos tomados por tais jogos para além dos limites conhecidos, para poder comemorar outros tipos de gols em outros tipos de jogos infinitamente mais complexos e interessantes.

"E assim como joga a criança e o artista, joga o fogo eternamente vivo, constrói em inocência – e esse jogo joga o Aion consigo mesmo. Transformando-se em água e terra, faz como uma criança, montes de areia à borda do mar, faz e desmantela: de tempo em tempo começa o jogo de novo. Um instante de saciedade: depois a necessidade o assalta de novo como a necessidade força o artista a criar. Não é o ânimo criminoso, mas o impulso lúdico que, sempre despertando de novo, chama à vida outros mundos."

(Nietzsche, 1991.)

PARTE 2
PRÁTIC

PATRICIO CASCO

CASO
EDUCA
CIONAIS

PATRICIO CASCO

ANÁLISE DOS JOGOS TRADICIONAIS[11]

Planilha de jogos

Nome do jogo

Espaço do jogo

materiais
_____
_____
_____

movimentos principais
_____
_____
_____

como se joga
_____
_____
_____
_____

dicas ou estratégias
_____
_____

Modelo de lousa para uma aula com jogos tradicionais[12]

Jogo	Materiais	Habilidades principais	Símbolo do jogo	Espaço do jogo
Pega-pega ponte	sem material	Correr e transpor as "pontes" por baixo ou por cima		Sem linhas
Coletes mágicos	coletes coloridos	Correr Transformar a idéia do outro em movimento Espelhar para salvar Arremessar		Sem linhas
Tripebol	2 tripés e bolas em número par (2, 4, 6, 8...)	Correr, pegar e salvar		
Pique-bandeira	2 bandeiras			

ANÁLISE DOS JOGOS TRADICIONAIS

No trabalho realizado durante as aulas de educação física do Colégio Oswald de Andrade Caravelas, tal abordagem faz parte do conteúdo a ser trabalhado informalmente pelos primeiros e segundos anos (6 e 7 anos de idade) e formalizado a partir do terceiro ano (antiga segunda série) por intermédio do registro dos jogos que, ao final do ano, formam o *Livro dos Jogos Tradicionais*. Tal processo acolhe os seguintes critérios:

- História ou origem do jogo (pesquisa da tradição)
- Espaço e linhas demarcatórias
- Símbolo do jogo[13]
- Materiais utilizados
- Como se joga? (regras, procedimentos e atitudes)
- Habilidades principais desenvolvidas no jogo
- Dicas ou estratégias

Apresentam-se os jogos a serem desenvolvidos em aula por meio de gráficos visuais desenhados na lousa. Isso serve de modelo para a análise por meio de um quadro de dupla entrada, como no exemplo de lousa apresentado.

Esta análise de atividades lúdicas propõe um modelo no qual os jogos são observados em sua estrutura interna, nos elementos que podem ser comuns entre eles (tais como quadras com mesmas linhas) e o que os diferencia. O objetivo é que se reconheçam os jogos como unidades de significado. Jogos para ler, escrever e criar.

Pesquisa de jogos tradicionais

Que jogos você conhece na sua comunidade e que não são praticados aqui? Registre quais os que gostaria de praticar em nossa aula. Que jogos ou brincadeiras seus pais e avós conhecem? Aprenda sobre esses jogos e diga quais você gostaria de experimentar.

Você conhece alguém que nasceu ou viveu em outro país ou região do Brasil? Se sim, faça esta pesquisa:
- Quais são as brincadeiras e jogos das crianças desse lugar?
- Faça um desenho de um desses jogos e explique como se brinca utilizando a Planilha de jogos (ver p. 61).

JOGOS E BRINCADEIRAS SEM EQUIPES

Abre a geladeira e variações
Alerta
Amarelinhas
Ambulância
Aumenta-aumenta
Baleia (ou pescador)
Bater lata
Bichos misturados
Bola-mestre
Boliche
Boneco articulado (marionetes)
Cadeirinhas
Carimbos
Coelho sai da toca
Coletes mágicos
Corre-cutia
Corrente infinita
Detetive
Elefante colorido
Elástico pega-pega
Enigma
Estátuas
Figuras no chão

Gelo (pega-pega americano)
Mãe da rua
Marinheiros
Muralha chinesa
Nunca 3 (gato e rato)
Nunca 4 (corrente finita)
Pega-mímica (espelho)
Pega-pega ponte
Peteca
Pião
Pula-perna (nunca 2 ou gato e rato)
Pular corda (parlendas)
Pular sela
Quietinho
Rebatida
Rio de jacarés
Rio de piranhas
Rio vermelho
Rio campo mar
Robô
Sentinela
Seu lobo está?
Tartaruga

Abre a geladeira e variações
De 4 a 8 anos

A porta da geladeira é a linha de fundo da quadra ou uma linha próxima a ela. Cada qual escolhe, em sigilo, algo que existe na geladeira[14]. O "comilão" ou os "comilões", no meio da quadra, não sabem qual a escolha de cada jogador atrás da linha. Eles podem chamar uma ou duas e, caso haja alguém com a indicação, este deve correr até a outra extremidade da quadra sem ser pego. Se conseguir, ele grita: "abre a geladeira!" e todos saem na direção da geladeira oposta, atrás da outra linha da quadra. Caso alguém seja pego, pode ser salvo por qualquer outro jogador no momento da passagem. Muitas são as variações deste jogo, de acordo com o critério escolhido: circo, orquestra, personagens do *Sítio do pica-pau amarelo* (de Monteiro Lobato), entre os muitos possíveis. Nesses casos, o pegador no meio da quadra deve tentar adivinhar o que cada um escolheu, observando a mímica correspondente à escolha.

Alerta
A partir de 5 anos

Pode ser feito usando os nomes dos participantes, nomes de animais, frutas, números, entre muitos critérios possíveis. Faz-se uma roda no meio da quadra e, no seu centro, fica um jogador com uma bola plástica leve. Este lança a bola e chama algum dos participantes. Nesse momento, todos devem correr, menos o escolhido, que deve pegar a bola e imediatamente gritar: "alerta!". Isso paralisa todos. O escolhido então pode "queimar" qualquer jogador, arremessando a bola. Ele tem o direito a três passos ou saltos, para chegar o mais perto possível do "queimado"[15]. O jogo segue trocando-se o lançador que vai ao centro, dando início à próxima jogada.

JOGOS E BRINCADEIRAS SEM EQUIPES

Amarelinhas[16]
A partir de 4 anos

Jogo com dez (mais ou menos) estações nas quais deve ser lançada uma pedra (ou qualquer outro material alternativo) em seqüência, procurando saltar sobre a casa marcada. Suas regras variam desde as mais simples, como saltar com uma perna só, até as mais complexas, como seqüências de habilidades. É possível também que os jogadores construam amarelinhas diversas, o que também propõe novas estratégias. Amarelinhas de sílabas podem facilitar a alfabetização.

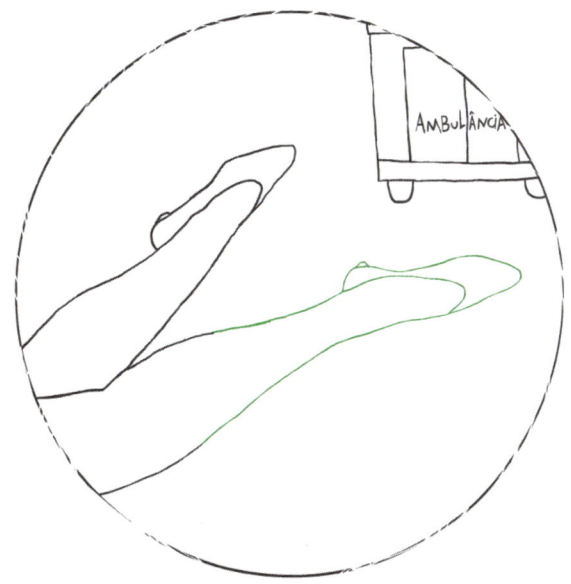

Ambulância
A partir de 6 anos

Jogo de pega-pega com papéis definidos. Determina um fluxo que pode ser estabelecido utilizando as linhas da quadra como ruas, com mãos, contramãos e sinais. Os jogadores podem ser carros ou pedestres. Um ou dois carros estão sem freios ou com os pneus carecas, e podem tocar os passantes. Caso isso aconteça, dois jogadores tomam o papel de ambulância para socorrer os acidentados. Jogo que reproduz o contexto do trânsito das grandes cidades, podendo ser explorado como simbolização no campo de atitudes cidadãs.

Aumenta-aumenta
A partir de 3 anos

Brincadeira com saltos ou passagens sobre ou sob uma corda, ou utilizando-se bastões (apenas se o jogo for realizado sobre a grama, por razões de segurança). Exploram-se competências individuais na transposição de obstáculos, o conhecimento dos próprios limites e o apoio aos colegas (companheirismo).

Baleia (ou pescador)
A partir de 4 anos

Jogo de transposição semelhante ao abre a geladeira. Neste caso, o jogador colocado no meio da quadra é chamado "pescador" e detém uma bola plástica leve para arremessar em quem for chamado por ele. Se conseguir, vai até a linha de fundo e grita: "baleia!". Assim todos podem passar. Aqueles que não conseguirem podem ser salvos no momento de passagem dos jogadores. Troca-se o pescador. Com a mesma formação pode ser brincado como pescador. Este fica no centro e grita: "pescador!", ao que os outros respondem: "peixes, avançar!", e tentam transpor o espaço entre as linhas de fundo.

Bater lata
A partir de 5 anos

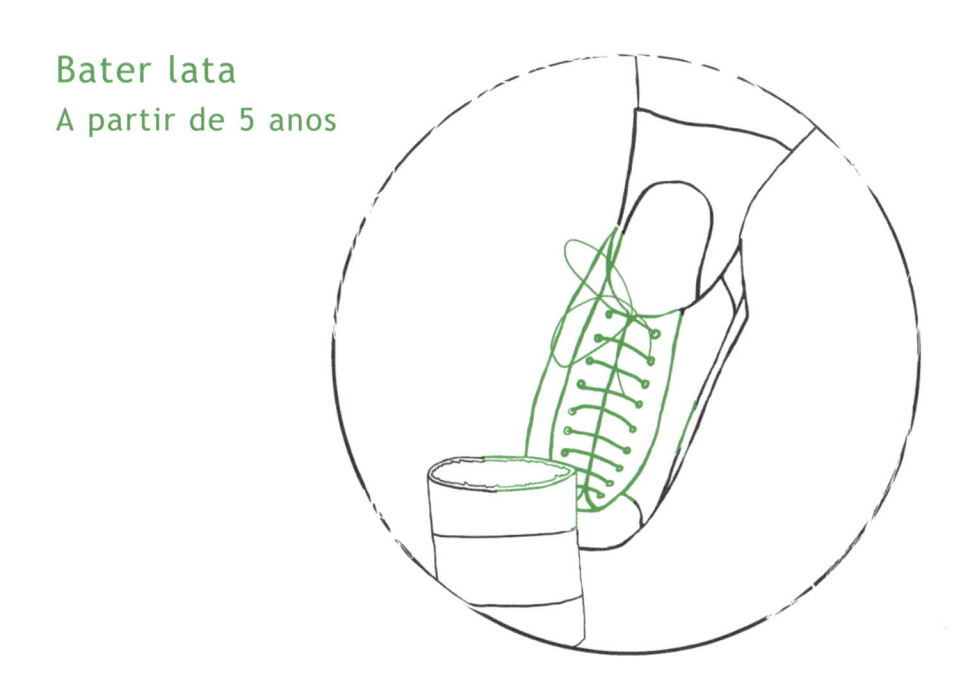

Na verdade, trata-se de outro nome para o jogo de *esconde-esconde*[17]. Também é conhecido como *chutar lata*. Um jogador "bate cara" (fica com o rosto voltado para a parede) e conta até 100 (mais ou menos). Enquanto isso, todos se escondem num espaço delimitado pelo grupo. A partir daí é um jogo de perseguição, de percepção e de cálculo de velocidade, pois todos podem se salvar, batendo ou chutando a lata que está no lugar de bater cara ou em outro lugar a combinar. O pegador pode tentar impedir e pegar o escondido antes que ele bata a lata, batendo-a antes dele. O último jogador do grupo, ao se salvar, salva todo mundo. Caso isso não ocorra, o primeiro a ser descoberto e pego é o novo pegador.

Bichos misturados
A partir de 3 anos

"Alakazim, Alakazão! Que se misture águia com leão" e saem todos imitando a proposta por meio de movimentos e sons. A amplitude dos movimentos pode ser alterada pelas propostas "filhotinhos" e "gigantes" e a velocidade por "câmera lenta" e "câmera rápida". Aceitam-se, de preferência, as sugestões das crianças.

Bola-mestre
A partir de 4 anos

Neste jogo, cada qual ou cada grupo, com uma bola, deve propor aos demais participantes movimentos que devem ser imitados ao sinal de: "a bola-mestre vai para..."

Boliche
A partir de 3 anos

Jogos com pinos existem há muito tempo, e são muitos os materiais utilizados para este fim. A versão original desta brincadeira é francesa. Para jogar, bastam algumas garrafas pet de 2 litros cheias até um terço e uma bola, ou pinos feitos de pano com enchimento. Depois, é só tentar derrubar os pinos ou garrafas com a bola.

Boneco articulado (marionetes)
A partir de 3 anos

Em duplas, imaginam-se fiozinhos que se ligam às articulações de um dos parceiros. O outro deve puxar e soltar o fio invisível, propondo movimentos que podem ser feitos em pé, sentados ou mesmo deitados. A mesma brincadeira pode ser feita em trios, sendo que dois manipulam os fios. Os bonecos podem ser de madeira, de pano, de geléia etc.

Cadeirinhas
A partir de 7 anos

Cadeirinhas são montadas por dois participantes, unindo-se a mão direita no antebraço esquerdo e a mão esquerda no antebraço do parceiro. O terceiro deles deve ser transportado sentado nesta cadeirinha até um ponto da quadra. Trocam-se os participantes.

Carimbos
A partir de 6 anos

Existem vários tipos de carimbo. O jogo é simples e consiste em um pegador (que pode ser fixo ou não) arremessar uma bola plástica leve, como na *queimada*, nos outros participantes (para carimbá-los), que devem fugir. Quem for "carimbado" vira, de acordo com o "sobrenome" do carimbo: aranha (quadrupedia), caranguejo (quadrupedia invertida), ameba (sentado), sapo (aos saltos como um sapo), circo (movimento dos personagens), fundo do mar (movimento dos seres do fundo do mar), filmes, desenhos e assim por diante. Depende muito da criatividade do educador. Existem várias formas de "salvamento" para os transformados. Quando o pegador é fixo, basta um simples "destransforme-se" de qualquer outro jogador para que o trasformado volte ao jogo. Ou troca-se de papel: quem é pego por uma aranha, por exemplo, vira aranha em seu lugar. Também pode se solicitar que, para que o salvamento ocorra, o salvador deve fazer um "espelho" de movimentos com o transformado. Quando o pegador não é fixo, basta pegar a bola ou outro jogador para que possa voltar ao jogo. Não vale "rebote", ou seja, quem acabou de ser carimbado ser pego por quem está com a bola.

Coelho sai da toca
A partir de 3 anos

As tocas podem ser duas crianças segurando as mãos elevadas ou bambolês. Os "coelhos" ficam dentro das tocas e, ao sinal, devem trocar de toca. Para os menores, só a movimentação em si já é um desafio. Para os maiores, fica a sugestão de deixar um "sem toca" a cada rodada, ou mudar a maneira de se deslocar de uma toca para a outra.

Coletes mágicos
A partir de 4 anos

A três coletes de cores diferentes são atribuídos "poderes mágicos", como transformar os outros participantes em seres do fundo do mar, em objetos, em animais de quatro patas ou outros critérios a escolher. Associa-se ao poder dos coletes uma bola, também mágica, com o poder da transformação. As formas de salvamento podem ser as mais diversas possíveis. Os magos escolhem os novos magos.

Corre-cutia
A partir de 3 anos

"Corre cutia na casa da tia / corre cipó na casa da avó / lencinho na mão caiu no chão / moça bonita do meu coração / pode olhar? / pode...". O "lencinho" pode ser feito de qualquer material e o escolhido deve correr ao redor do círculo formado pelos participantes até pegar o fugitivo, antes que este se sente no lugar do pegador. Pode-se tornar o jogo mais complexo propondo duas voltas ou zigue-zague em torno dos participantes.

Corrente infinita
A partir de 7 anos

Forma de pega-pega na qual o primeiro pegador, ao pegar o segundo, dá a mão e, conforme os outros jogadores são pegos, formam uma corrente de mãos dadas. Somente os jogadores das pontas da corrente pegam, e "corrente quebrada não pega", ou seja, se a corrente partir não pode pegar. Os fugitivos podem tentar passar pelos vãos formados pelos outros participantes. É uma brincadeira que serve como termômetro das relações grupais e revela aos participantes a necessidade do diálogo e de ações coordenadas para a solução de desafios coletivos. É um belo exercício do que Pierre Levy chama de inteligência coletiva (Levy, op. cit.).

Detetive
A partir de 8 anos

Jogo cênico em que os participantes simulam uma festa com todos os personagens escolhidos por eles próprios. As sugestões de papéis são os donos da casa, músicos, empregados, convidados e assim por diante. No início do jogo, após a escolha dos personagens, são sorteados três tipos de papéis secundários ocultos: detetive, policial e vítimas (o restante dos jogadores), as quais são mortas por uma piscadela de olho do assassino. Como ninguém sabe qual é o segundo papel do outro, pode acontecer de o assassino ser pego pelo detetive caso tente matá-lo. O jogo termina quando o detetive descobre quem é o assassina e grita: "preso em nome da lei!".

Elefante colorido
A partir de 4 anos

Um dos participantes é escolhido para ser o "elefante". Ele deve ficar de costas para os demais jogadores, que perguntam: "Elefante colorido 1, 2, 3 / Que cor?". O elefante responde qual a cor escolhida e corre para pegar os outros jogadores. Tocar algo da cor escolhida é o salvo-conduto para os participantes não serem pegos pelo pegador. Quem é pego pode ser salvo de maneira a combinar ou se torna o elefante.

Elástico pega-pega
A partir de 5 anos

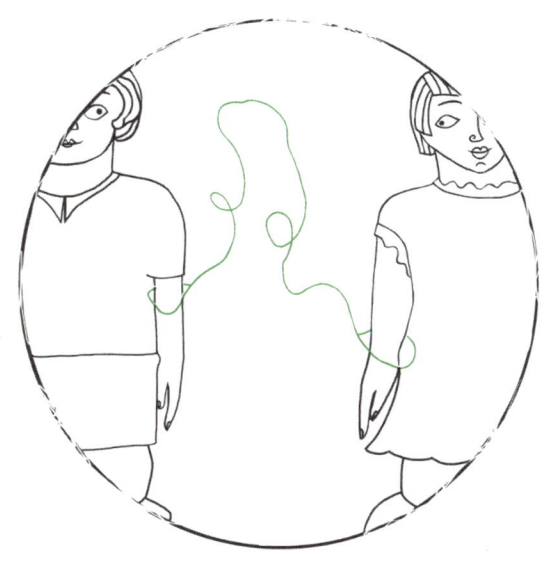

Usa-se meio metro de elástico de costura largo amarrado em forma de um anel que deve ser segurado por dois participantes, que serão os pegadores. Quem for pego troca de lugar com quem pegou. Uma variação deste jogo é um trio pegador com dois elásticos, sendo que o participante do meio deve segurar nos dois elásticos. Neste caso, os pegadores são os das pontas. Quando esses pegam algum jogador, o do meio é liberado. Quem pegou vai para o meio e quem foi pego vai para a ponta.

Enigma
A partir de 8 anos

São formados grupos de jogadores, compostos por um pegador e fugitivos. O número de participantes varia de acordo com a complexidade do enigma combinado, que pode ser partes de uma palavra ou partes de uma frase. Cada jogador fica com uma parte do mistério (sílabas, letras ou palavras), que só será resolvido quando o pegador do grupo pegar todos os seus participantes. Caso acerte a frase ou palavra, o jogo se reinicia.

Estátuas
A partir de 4 anos

Muitas são as possibilidades do jogo de estátuas[18]. Essa estratégia, quando aplicada a crianças, mobiliza ao mesmo tempo que solicita imobilidade, gerando um prazer muito grande tanto na ação como na inação. Os temas das estátuas podem ter diversos contextos (esportes, profissões, filmes, desenhos etc). As estátuas podem ser feitas em grupos, representando pequenas cenas, entre muitas outras possibilidades. Os recursos deste jogo são praticamente infinitos.

Figuras no chão
A partir de 6 anos

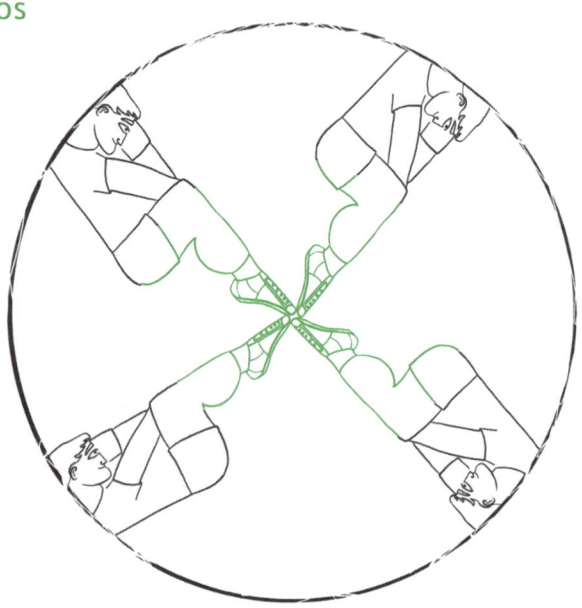

O chão da quadra transforma-se em uma imensa folha de papel e os participantes são pequenos segmentos que deverão compor uma figura desenhando-a no chão, com a participação de todos, a partir de uma questão como: "qual grupo é capaz de representar no chão a figura de uma estrela?". O próprio desafio da brincadeira é suficiente para motivar os praticantes. Sugestões como formas geométricas, carro, avião, flor, computador e outros objetos são sempre desafiadoras.

Gelo (pega-pega americano)
A partir de 4 anos

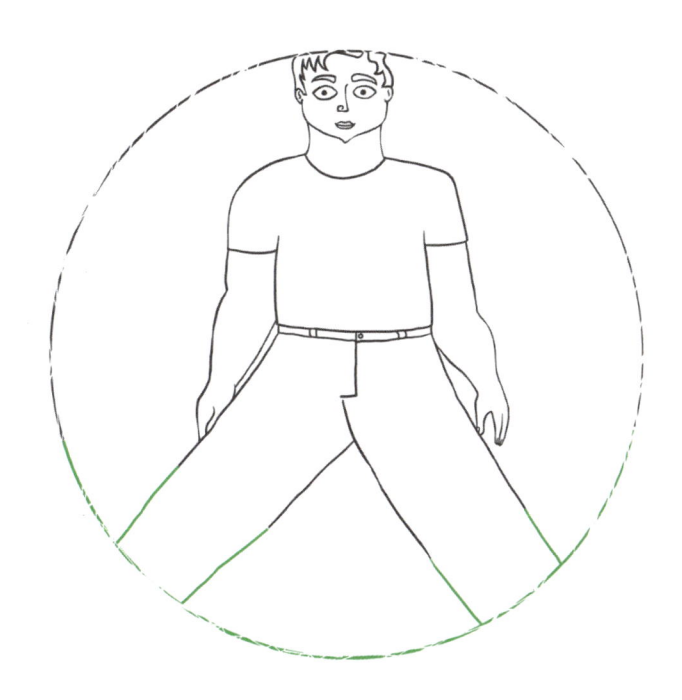

O jogador pego é "congelado", ficando em pé com afastamento lateral das pernas. Aos poucos ele vai derretendo, deslizando os pés e afastando as pernas cada vez mais. Durante esse tempo ele pode ser salvo se outro participante passar por baixo de suas pernas. Caso derreta, o salvamento é feito passando por cima do jogador "derretido".

Mãe da rua
A partir de 6 anos

Jogo clássico no qual os participantes tentam atravessar o espaço correspondente a uma rua guardada por uma mãe da rua ou um pai da rua. As regras são variáveis, como o pegador e os fugitivos tentarem passar com um pé só ou batendo uma bola (nesse caso, "ser pego" é trocado por "ter a bola interceptada"). Outra possibilidade (principalmente para as crianças menores) é tentar passar em um pé só e o pegador ficar na frente dos participantes "marcando" sua passagem até que o "marcado" encoste o outro pé no chão.

Marinheiros
A partir de 6 anos

"Nós somos os marinheiros da... (Europa, África etc.) / O que vieram fazer? / Muitas coisas. / Mostrem algumas delas." Este é o sinal para que uma ação combinada seja feita pelos marinheiros diante da outra equipe que, por sua vez, deve descobrir o que está sendo imitado pelo grupo oponente. A cada descoberta, marca-se um ponto. Há variações como transformar em pegadora a equipe que descobre o que foi combinado pela outra.

Muralha chinesa
A partir de 4 anos

Na linha, no centro da quadra, um jogador é o primeiro "tijolo" da muralha móvel. Ao sinal, o restante, que está no final da quadra, tenta passar para o outro lado. Quem é pego pelo tijolo também vira tijolo, dando a mão para o pegador. A partir daí, quem for pego em transposições sucessivas vai aumentando a muralha, que só pode se mover em uma faixa restrita do espaço. O jogo termina quando o último jogador tentar passar, ou mesmo antes, a critério do grupo. Uma variação pode ser feita com objetos no fundo da quadra, que devem ser trazidos de volta sem que a muralha impeça.

Nunca 3 (ou gato e rato)
A partir de 4 anos

Os participantes sentam-se em duplas, bem espalhados pela quadra. Para uma ou duas duplas que ficam em pé, são escolhidos um fugitivo e um pegador. O fugitivo, para se livrar do pegador, deve sentar-se atrás de um participante sentado, sendo que o outro torna-se o novo pegador. Caso o fugitivo seja pego, invertem-se os papéis.

Nunca 4 (corrente finita)
A partir de 6 anos

É um pega-pega em corrente. Quando esta chega a quatro participantes, divide-se a corrente em duas duplas que devem reiniciar a perseguição aos outros jogadores. O jogo termina quando todos forem pegos.

Pega-mímica (ou espelho)
A partir de 5 anos

Pega-pega com bola plástica leve no qual há dois pegadores com bola. Eles são propositores que podem fazer movimentos de animais ou de seres fantásticos para o salvamento, que é feito como espelho, imitando-se o pegador.

Pega-pega ponte
A partir de 5 anos

Pega-pega no qual os pegos formam pontes com o corpo e são salvos na transposição dessas. Pontes, nesse caso, são quaisquer espaços formados pelos participantes e o ambiente (chão, paredes, escadas, traves etc.) que possam ser transpostos por baixo ou por cima, individualmente ou em duplas, ou até mesmo em trios. As combinações são as mais diversas e ricas possíveis.

Peteca
A partir de 5 anos

Brinquedo de origem brasileira feito de penas (naturais ou sintéticas) e uma base mais pesada, feita de outro material que possa ser rebatido. Também pode ser feita com jornal. Como a parte pesada sempre cai voltada para baixo, o brinquedo praticamente garante a rebatida. Pode ser usado como elemento no uso de alvos no chão, em cubos de madeira, ou para ser jogado em duplas, em pequenos grupos e até em equipes, o que constitui um esporte com tudo o que tem direito: regras, federações, patrocínios e torneios.

JOGOS E BRINCADEIRAS SEM EQUIPES

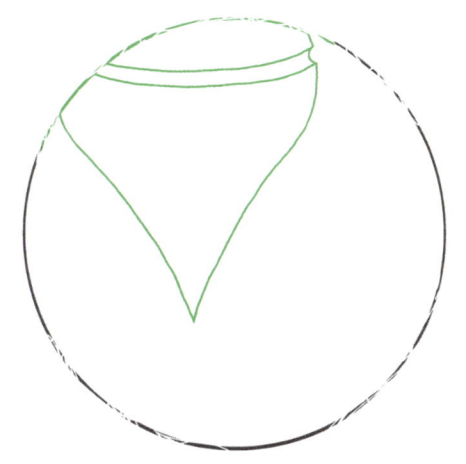

Pião
A partir de 5 anos

Pião é um brinquedo feito no torno de madeira (existem muitos modelos diferentes, de materiais sintéticos, mecânicos, alguns inclusive com sistemas de giro diversos, mas falo aqui do pião tradicional), com uma ponta sobre a qual ele gira, movido por um barbante (fieira) enrolado ao seu redor. Sua forma permite que ele gire sobre seu eixo, possibilitando muitas manobras distintas. O controle do pião, desde seu enrolamento até a forma de jogar, exige muito treino, com muitas tentativas para se acertar uma primeira vez. Como não é praticado por um grande número de pessoas (poucos pais ou mães sabem ensinar as crianças a jogar), pode cair em desuso. A mais conhecida maneira de jogar é traçar um círculo no chão, de aproximadamente um metro e meio de diâmetro, que é chamado de cela[19].

Para começar o jogo, cada jogador possui um pião que deve ser lançado ao círculo. Ele deve bater dentro do espaço e sair. Depois disso, o jogo consiste em tirar os piões de dentro do círculo por meio de arremessos em giro dos piões dos participantes. Na minha infância, jogava-se "à brinca" ou "à ganha", indicando que o pião selado poderia ser objeto de aposta. Fazia parte da dinâmica dos jogos de rua, assim como piões com ponta bastante ofensiva, que chegavam a partir os piões da cela. Havia técnicas como a "machadinha", que consistia em laçar o pião para que este batesse com sua "cabeça" e não com a ponta nos demais. Após bater, o pião voltava para a posição na qual ele gira. Quando não rodava, dizia-se que saiu "à batatinha". Hoje em dia existem piões com a ponta arredondada, o que garante maior segurança no seu manuseio. Além disso, brinquemos "à brinca", não é mesmo?

Pula-perna (nunca 2 ou gato e rato)
A partir de 3 anos

Variação do jogo de *nunca 3*. Os participantes sentam-se com as pernas unidas e estendidas, menos o pegador, que persegue um fugitivo até que este salte sobre as pernas estendidas de quem está sentado. Então, trocam-se as posições. Pode-se solicitar dois ou até mais pares de fugitivos/pegadores.

Pular corda (parlendas)
A partir de 4 anos

Há várias maneiras de se pular corda. Seguem as mais comuns:
- Canta-se: "com quem você pretende se casar? / loiro, / moreno, / careca, / barrigudo, / rei, / ladrão, poeta, / capitão? / Qual a escolha do seu coração? / A, B, C...", até errar o salto sobre a letra. Para os meninos, muda-se a letra.
- Os participantes, balançando a corda sem girá-la, cantam: "Salada, / saladinha, / bem temperadinha, / com sal, / pimenta, / fogo, / foguinho...", e aceleram a batida ao máximo.
- Canta-se: "um homem bateu em minha porta / e eu abri. / Senhoras e senhores ponham a mão no chão. / Senhoras e senhores / dêem uma rodadinha / e vá pro olho da rua", e o jogador procura sair da batida para fora.
- Zerinho: os participantes devem passar sem serem tocados pela corda.
- Canta-se: "suco gelado, / cabelo arrepiado, / qual é a letra do seu namorado? / A, B, C...". Ou para os meninos: "Água gelada, / com pão e marmelada, / qual é a letra da sua namorada? / A, B, C...".
- Cho-co-la-te (corda em cima) / Cho-co-la-te (corda em baixo).

Pular sela[20]
A partir de 5 anos

Consiste em um dos participantes servir de sela, mantendo-se com os joelhos estendidos, o tronco flexionado com as mãos apoiadas sobre os joelhos, formando uma base segura de apoio para as mãos de quem salta. Os saltos devem ser feitos com afastamento e recuperação. O piso de terra para a brincadeira facilita o seu aprendizado, devido à segurança. Quando o salto é aprendido, podem ser feitas atividades com salto sobre uma sela fixa, que é trocada de acordo com a regra combinada. Uma das brincadeiras é a do mestre. Um jogador é escolhido como mestre de um grupo que deve saltar sobre a sela de acordo com as suas diretivas. Quem erra ou não consegue seguir o mestre vai servir de sela. Os desafios podem ser:

- Dois bifes: com as palmas das mãos estendidas sobre a sela.
- Um bife, uma batata: com uma palma fechada e a outra estendida.
- Unha de gavião: com "garras" sobre a sela.
- Cartinha: deve-se saltar e "escrever" nas costas da sela. Depois, selar (como selar uma carta) com um toque de pé no bumbum da sela.
- Desarmar a espingarda: tentar soltar as mãos apoiadas sobre o joelho da sela.
- Pular prédio Martinelli[21]: a sela fica em pé, apenas com o pescoço flexionado (provavelmente o maior desafio).
- Coice de mula: na hora de saltar, dá-se um toque na sela com um dos pés.
- Carimbo: rolando os punhos fechados sobre a sela.

Quietinho
A partir de 3 anos

Todos se espalham na quadra, fecham os olhos e ficam em posição de "tartaruga". Um a um, em silêncio, todos vão sendo chamados e vão se esconder. O último é quem vai procurar o restante. Seguem-se as regras do jogo bater lata (ver p. 69).

Rebatida
A partir de 6 anos

Diante de uma parede, uma bola é lançada e recebida (agarrada ou tocada, dependendo do grau de complexidade), antecedida por uma palma, o que dita o ritmo do jogo. Uma possível parlenda é: "ordem / seu lugar / pode rir / sem falar / um pé (equilíbrio e recepção) / o outro / com giro / com salto...", e assim por diante, aumentando as combinações e desafios.

Rio de jacarés
A partir de 5 anos

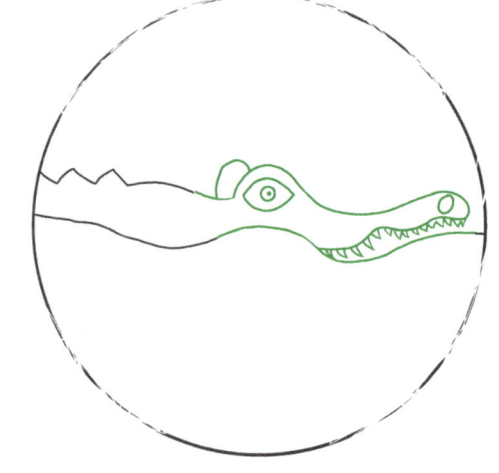

Desenham-se círculos na quadra que serão as "ilhas" do rio a ser transposto, cujas margens são as linhas de fundo do espaço. Os jogadores devem passar de uma margem à outra sem serem pegos pelos jacarés que são os pegadores da brincadeira. Nas ilhas, os jogadores não podem ser pegos, e podem esperar o momento em que não há jacarés para tentar passar de ilha em ilha até a outra margem do rio.

Rio de piranhas
A partir de 5 anos

Desenha-se uma faixa de cerca de três metros no centro da quadra, no sentido transversal, que será o rio. As piranhas pegadores dentro desse espaço não podem pegar fora do rio. A brincadeira é atravessar o rio sem ser pego. Quem for pego, vira piranha. Se houver coletes, eles podem ser usados como diferenciadores.

Rio vermelho
A partir de 5 anos

"Podemos passar pelo rio vermelho? / Só se tiver a cor. / Que cor? / Amarelo! / De que jeito? / Dançando deste jeito. Esta brincadeira é feita com uma linha no fundo da quadra na qual todos, menos o pegador, devem ficar. O pegador escolhe a cor e a maneira que aqueles que têm a cor devem passar até o outro lado. Quem tem a cor não pode ser pego.

Rio campo mar
A partir de 6 anos

A quadra é dividida em três espaços. Em cada um existe um pegador de acordo com o espaço escolhido (por exemplo: tubarão para o mar, piranha para o rio e leão para o campo). Os participantes podem passar em todos os sentidos. Aqueles que forem pegos ajudam no espaço determinado para cada pegador.

Robô
A partir de 5 anos

Para ser jogado em duplas ou em trios. Os participantes combinam quais os comandos do robô, localizados em distintas partes do corpo. Assim, por exemplo, combina-se que o toque atrás da cabeça significa andar para frente, assim como o toque no alto da cabeça significa parar, e ao toque no ombro direito, o robô vai para a direita, e assim por diante, de acordo com a criatividade do grupo e do educador.

Sentinela
A partir de 5 anos

Pega-pega no qual quem é pego vai formando uma corrente de mãos dadas em uma linha traçada no final da quadra. Os dois últimos jogadores podem salvar os jogadores pegos, caso estes estejam de mãos dadas.

Seu-lobo-está?
A partir de 4 anos

A casa do lobo é dentro de uma área demarcada. "Seu lobo está?", gritam os participantes para aquele que faz o papel de lobo, que dorme. O lobo acorda. "Está", responde. "O que está fazendo agora?", perguntam todos. "Está espreguiçando-se", e todos se espreguiçam. "Está tomando café", e todos imitam o lobo. Até que este responde à pergunta com "está saindo pra pegar vocês!", e corre em perseguição aos outros, que, caso sejam pegos, também viram lobos.

Tartaruga
A partir de 4 anos

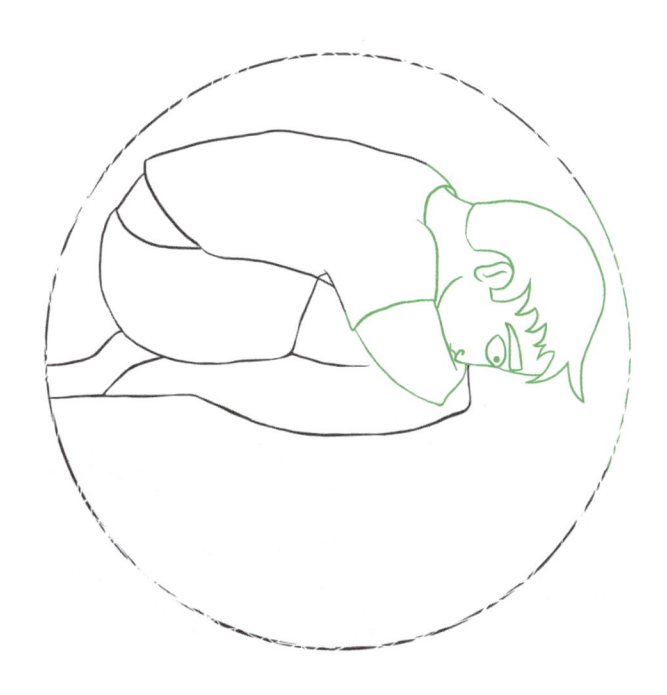

Pega-pega em que o "pique" (salvamento) é feito quando o participante fica em uma posição "tartaruga com a cabeça encolhida" (posição ajoelhada e grupada, com a cabeça entre os joelhos). Caso o fugitivo seja pego, ele vira "tartaruga de barriga para cima" balançando as "patas" até ser salvo (desvirado) por um outro jogador.

PATRICIO CASCO

JOGOS COM EQUIPES

Arremessobol
Base 4
Base 6
Bolão
Cabeçobol
Dez passes
Escadobol
Foothand
Garrafobol
Linha de mira
Linha de ajuda

Paredão
Pebolim humano
Pique-bandeira e variações
Queimada e variações
Queimanchete
Tabelobol
Taco
Tapobol
Tchuquebol
Tchuquevôlei
Tripebol

Arremessobol[22]

Material: de 2 a 16 bolas e uma corda elástica.

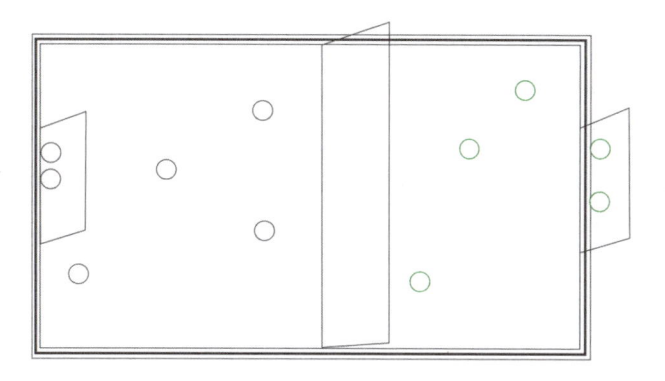

Duas equipes são separadas por uma corda elástica (simétrica ou assimétrica em relação à altura) ou por uma rede de vôlei a uma altura que permita o arremesso. São distribuídas de duas a oito bolas para cada equipe[23]. O objetivo é fazer o gol a partir de arremessos consecutivos a partir do seu lado da quadra para o outro lado, sobre a corda ou rede. O número de goleiros pode variar conforme o combinado.

Base 4

Material: uma bola, um tripé de madeira, que pode ser feito usando três cabos de vassoura com um furo em uma das extremidades, unidos, de preferência, por uma tira de borracha, que pode ser uma câmera de pneu de bicicleta.

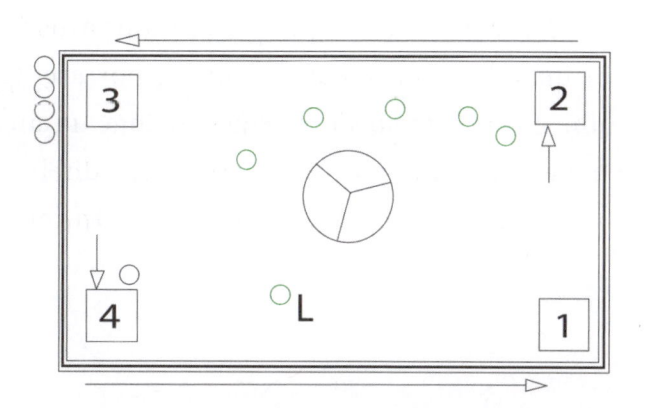

Desenham-se quatro bases como na figura e um tripé é colocado no centro de um círculo no meio da quadra. Ao sinal do lançador da equipe preta (L), os jogadores rolam ou lançam a bola na direção do primeiro chutador (ou arremessador) da equipe branca. Este procura "isolar" a bola por meio de um chute ou rebatida (a combinar). Imediatamente após, procurará correr para as demais bases numeradas, sem que a outra equipe o queime ou queime o tripé. Caso isso aconteça, conta-se o número de bases alcançadas pelo jogador, considerando cada qual como um ponto. Trocam-se os chutadores e lançadores até que todos os participantes das equipes tenham chutado e lançado. Quando isso acontecer, somam-se e comparam-se os pontos das equipes para saber qual é a equipe vencedora.

Base 6[24]

Material: uma bola plástica ou de handebol.

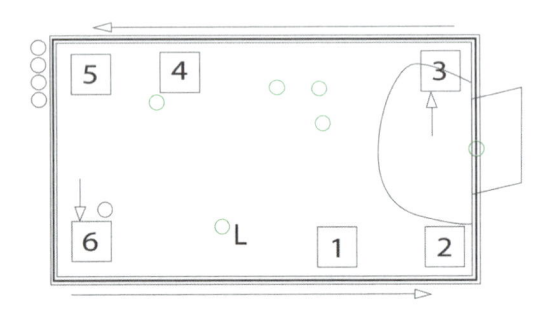

Semelhante ao jogo anterior em estrutura e regras. As diferenças ficam por conta do número de bases e da maneira de interromper as ações da equipe que tenta pontuar. "Queima-se" o jogador quando a outra equipe (preta, por exemplo) consegue realizar um gol por meio de arremessos fora da área demarcada. A equipe adversária (branca, neste caso) tem direito a um goleiro (ou dois) para defender as bolas arremessadas. Trocam-se as equipes.

Bolão[25]

Material: uma ou duas bolas plásticas grandes.

Misto de futebol e rebatida, o jogo pode ser feito com as mãos (tapa) ou com os pés (chute), ficando os jogadores impedidos de segurar a(s) bola(s) com as duas mãos. Não há escanteio nem lateral. É ponto quando uma das bolas cruza a linha do gol.

Cabeçobol

Material: seis bolas plásticas e uma bola plástica gigante.

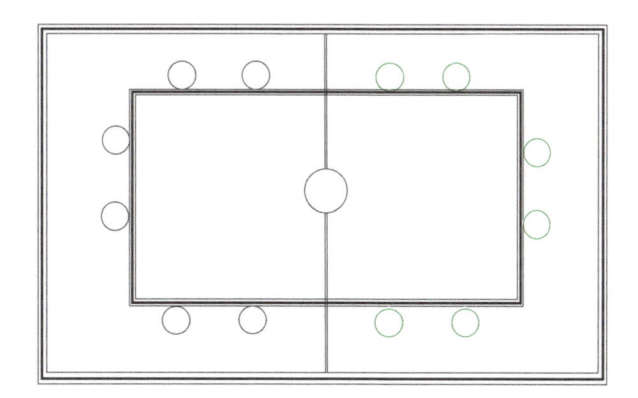

Duas equipes, dispostas como na figura, procuram deslocar a bola-alvo (bolão) para que transpasse a linha contrária, por meio de arremessos sucessivos. As linhas servem de limite para os arremessos e tentativas de pontuação. Por que cabeçobol? Ora, é simples. O bolão deve ser defendido com a cabeça ou com um arremesso das bolas plásticas. A partida termina quando uma das equipes fizer quatro pontos.

Dez passes

Material: qualquer tipo de bola.

Duas equipes utilizam o espaço de meia quadra, limitada pela linha do meio, laterais e fundo. Pode-se usar qualquer tipo de bola, pois cada uma propiciará um tipo diferente de desafio. O objetivo do jogo é realizar dez passes consecutivos sem que a outra equipe toque na bola. É permitido realizar três passos antes de passar a bola. Não é permitido tocá-la quando de posse de algum jogador, podendo isto ser feito apenas quando a bola é batida ou passada de um jogador para o outro. Quando a bola ultrapassa alguma das linhas, é considerado tiro lateral com posse de bola para a equipe contrária. Se um passe for interceptado e a bola for para a lateral, considera-se a interceptação. Portanto, posse de bola da equipe contrária. Quando a equipe completar os dez passes, ganha um ponto.

Escadobol

Materiais: três bolas, 15 garrafas pet numeradas, com um terço de água em cada.
Instalações: escada.

Três equipes devem ficar a uma mesma distância diante de uma escada com cinco garrafas pet, uma em cada degrau, formando grupos de acordo com o número de equipes participantes. Os jogadores devem lançar a bola para que ela quique antes de derrubar as garrafas numeradas. De acordo com o grau de dificuldade, pode-se solicitar que as garrafas sejam derrubadas em ordem crescente ou decrescente. A equipe ganha um ponto quando todas as garrafas forem derrubadas.

Foothand

Material: uma bola de futebol e uma bola de handebol.

Combinações de jogos sempre são comuns quando se solicita que se criem novos jogos. Misturas como essa podem se tornar brincadeiras interessantes e desafiadoras. Uma das versões deste jogo é aquela em que se joga futebol de um lado da quadra e handebol do outro. Os jogadores devem ficar atentos, pois ao sinal de um apito, por exemplo, inverte-se a ação. Quando se pontua, também se troca de esporte.

Garrafobol

Material: duas bolas leves de plástico, de tamanho médio, e uma garrafa plástica pequena para cada jogador.

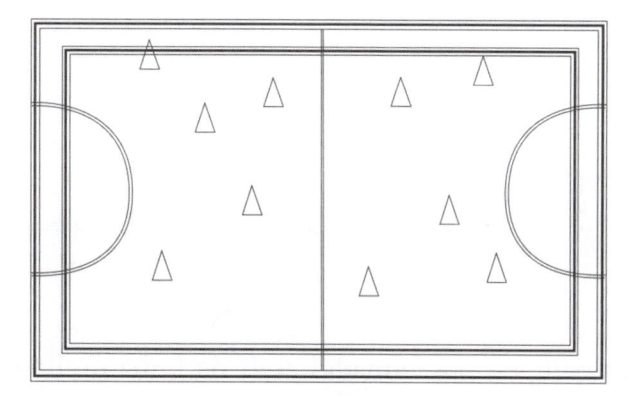

Duas equipes, separadas pela linha central, procuram, por meio de arremessos, derrubar as garrafas defendidas pelos jogadores adversários. Para defender a garrafa, o jogador se posiciona à frente, atrás ou ao lado da garrafa, dependendo de onde vem o arremesso. Não é válido flexionar ("dobrar") os joelhos para defender a garrafa nem prendê-la entre as pernas, impedindo sua queda. É válido usar apenas as mãos para defendê-la. Se sua garrafa cair, mesmo que acidentalmente, você deve deixá-la em local combinado e dirigir-se ao "morto" (fundo e laterais da quadra), de onde continua a participar do jogo. Vence a equipe que derrubar todas as garrafas da equipe adversária ou, se o tempo terminar antes que a última garrafa seja derrubada, vence a equipe que tiver o maior número de garrafas em pé. Não é válido entrar no campo adversário para pegar a bola ou arremessá-la, mas, se os seus pés estão no seu campo, sim. Se houver disputa de bola entre jogadores da mesma equipe, ela perde a posse de bola.

Linha de mira[26]

Material: garrafas pet cheias a um terço e bolas de plástico.

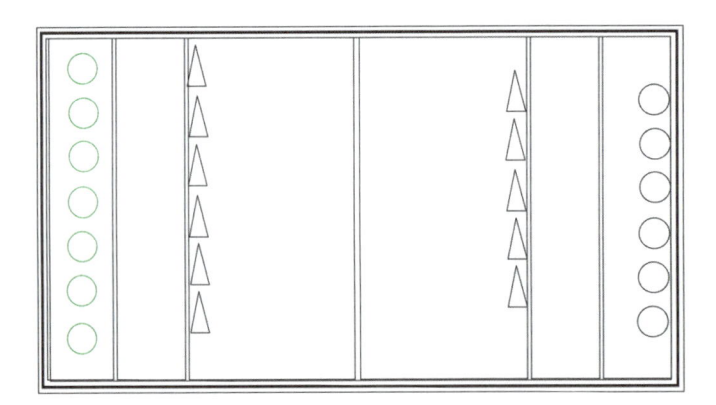

Duas equipes, posicionadas atrás da linha de fundo, procuram, por meio de sucessivos arremessos, derrubar o maior número de garrafas pet da outra equipe, sem invadir o campo adversário para recuperar as bolas que por acaso fiquem no espaço interno de jogo. De dois em dois minutos, ou a critério do árbitro, os jogadores invadem o campo do adversário, limitado pela linha central, para recuperar suas bolas e guardar as garrafas. Vence cada partida (que pode ser realizada por tempo) a equipe que derrubar primeiro a linha de garrafas da equipe oponente.

Linha de ajuda

Material: garrafas pet (cheias com um terço de água) e bolas de plástico.

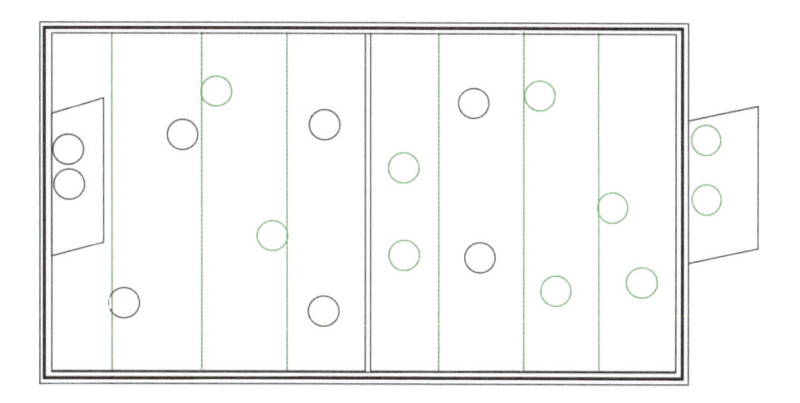

Jogo cooperativo em que cada equipe se divide em duas funções: arremessadores e repositores. Aos primeiros, cabe derrubar todas as garrafas pet do adversário; e, aos segundos, repor as bolas lançadas. Marca-se o tempo decorrido na realização do desafio. Neste jogo, é possível discutir o papel da cooperação no alcance de objetivos comuns.

Paredão

Material: uma bola de plástico para cada equipe.

Diante de uma parede, uma equipe (ou mais) deve realizar o maior número possível de lançamentos e recuperações sucessivas de uma bola lançada de uma distância pré-determinada. Conta-se um ponto a cada vez que se completa um determinado número de recuperações.

Pebolim humano[27]

Material: uma ou duas bolas de futsal.

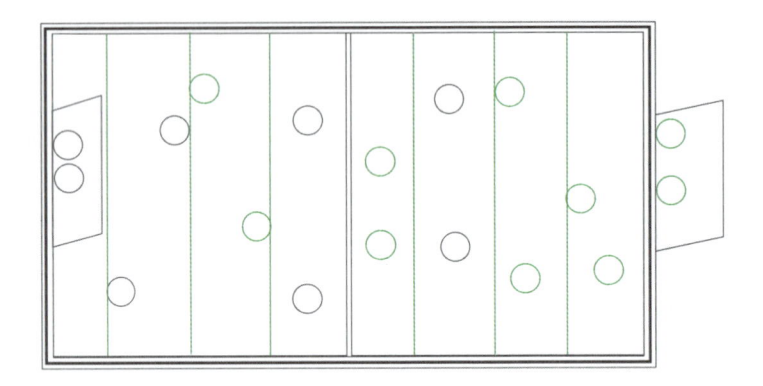

Jogo inspirado no pebolim (conhecido no Rio de Janeiro como *totó*) em que as equipes se posicionam como no diagrama. O objetivo é fazer o gol na equipe adversária sem ultrapassar as linhas demarcatórias, por meio apenas de passes e chutes a gol. Existem variações deste jogo com cordas estendidas transversalmente no lugar das linhas de demarcação. Neste caso, os jogadores seguram a corda para passar ou chutar.

Pique-bandeira e variações

Material: duas bandeiras de cores diferentes, ou outro material que possa ser usado como bandeira.

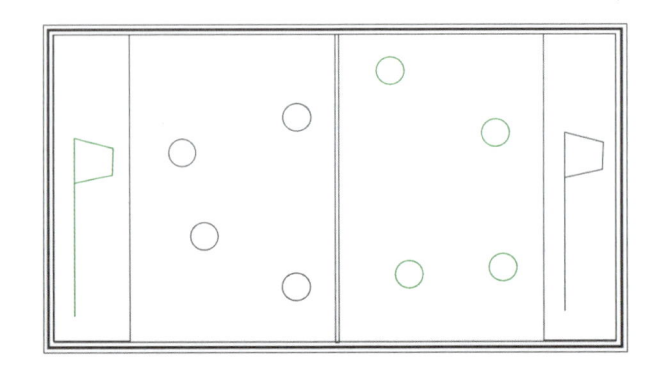

Este é um jogo que possibilita inúmeras estratégicas e consiste na conquista de uma bandeira localizada numa área delimitada no fundo da quadra. Os jogadores devem tentar ultrapassar a linha do meio e chegar à área delimitada, retornando, em seguida, com a bandeira do adversário, sem serem pegos. Quando isso ocorre e o jogador ultrapassa a linha central com a bandeira, pontua para a sua equipe. O jogador pego pode ser salvo mediante um combinado (passar por baixo das pernas, bater na mão etc.), retornando em seguida para o seu campo. É válido "guardar caixão"[28]. A bandeira só pode ser passada dentro da sua área, o que significa que o ponto deve ser feito com a bandeira na mão do jogador.

Variações: pique-tartaruga, pique-gelobol, pique em duplas e pique duplo.

Pique-tartaruga:
Os jogadores ameaçados de serem pegos, podem salvar a si próprios fazendo uma "tartaruga" (ver p. 87). Caso isso ocorra, devem voltar como "tartaruga em marcha à ré" até o seu campo. Se forem pegos, ficam na posição "tartaruga de barriga para cima" até serem salvos. Valem as demais regras do *pique-bandeira*.

Pique em duplas:
Os jogadores que partem para a conquista da bandeira devem ir em duplas. Não são necessárias duplas para defender[29].

Pique duplo:
Em vez de uma, são usadas duas bandeiras de cada lado. Elas devem ser transpostas por jogadores diferentes, sendo que aquele que consegue trazer a primeira bandeira deve, a partir daí, fazer parte da defesa de sua equipe.

Queimada e variações[30]

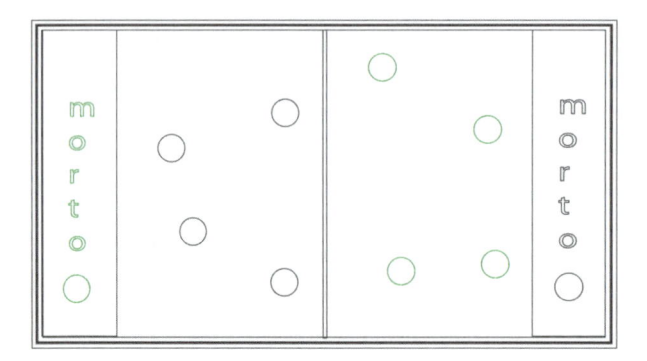

O jogo de queimada é um dos mais tradicionais, pois sua simplicidade permite que seja jogado em qualquer tipo de espaço. Suas regras também são muito simples e podem ser combinadas ao gosto dos jogadores. O jogo consiste em arremessos com uma ou duas bolas, que devem "queimar" o oponente. Partes do corpo podem ser consideradas "frias" (mãos e cabeça são muito freqüentes), ou seja, o jogador não é considerado "queimado" caso seja atingido nessas partes. Ao ser queimado, o jogador vai para o "morto", podendo retornar após queimar outro jogador da equipe oponente[31].

Variações: duas bolas, quique, em duplas, queima-linha, queimabol, cruzada, quadrada, com os pés e elétrica.

Duas bolas: São usadas duas bolas simultaneamente.

Quique: A bola, para "esquentar", ou seja, ficar válida, deve tocar o chão antes de atingir o oponente. Neste jogo não há partes "frias", o que aumenta o seu grau de desafio.

Em duplas: Os jogadores participam do jogo com as mãos dadas.

Queima-linha: Ideal para ser jogada em quadras que possuam muitas linhas. O "vivo" joga nas linhas da quadra e o "morto" no espaço interno a elas, ou o contrário. Este jogo permite uma grande variação de estratégias.

JOGOS COM EQUIPES

Queimabol: Um jogador vai até o centro e, de costas para o campo oposto, lança a bola que será disputada pela equipe receptora. O primeiro que tocar a bola deve conduzi-la ao meio e chutar na direção da equipe oponente, procurando "queimar" os seus jogadores. Caso já tenha conseguido, o direito de chutar e tocar novamente na bola passa para outro jogador que ainda não tenha chutado. Cada jogador queimado vale um ponto para a equipe adversária. Não existem "mortos".

Cruzada: Valem as mesmas regras da *queimada* tradicional, mas joga-se com o espaço na configuração abaixo.

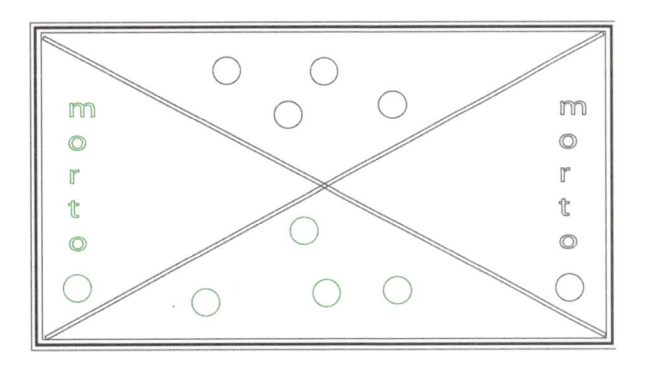

Quadrada: Como na variação anterior, altera-se apenas o espaço do jogo, que deve seguir a configuração abaixo.

Com os pés: A parte "fria" fica abaixo dos joelhos, e os jogadores devem ser "queimados" por meio de chutes com uma bola leve.

Elétrica: Uma corda elástica é estendida no sentido transversal da quadra. Caso algum jogador a toque, é considerado "queimado".

Queimanchete

Material: de uma a quatro bolas de vôlei.

Indicado para as séries mais avançadas (a partir do 4 ano), este jogo mistura a queimada com as habilidades do vôlei. Utiliza-se o mesmo espaço do vôlei para jogar. Uma dica: bolas plásticas leves são mais indicadas para principiantes, para facilitar a brincadeira. Como todos sabem, os movimentos do vôlei (sacar, atacar, passar com toque e manchete) são complexos e de difícil execução, portanto, que tal brincar de queimada com eles? As regras são quase as mesmas, mas as "partes frias" do corpo, ou seja, aquelas que não podem ser queimadas, são da cintura para cima. Para se defender do ataque (que pode ser um arremesso na fase inicial), o defensor só pode fazê-lo com a manchete. Vários níveis de dificuldade podem ser explorados. Um exemplo de variação de regras é quando o jogador que consegue defender-se com manchete ainda obtém um passe para algum jogador de sua equipe. Nesse caso, a sugestão é "salvar" alguém da sua equipe ou escolher algum jogador da equipe adversária para ir para o "morto". Outra possibilidade é se estender uma corda elástica no meio da quadra para que os ataques ou arremessos sejam feitos sobre ela. O saque pode ser usado para passar a bola do "morto" para o "vivo" e vice-versa. O mesmo vale para o toque.

Tabelobol

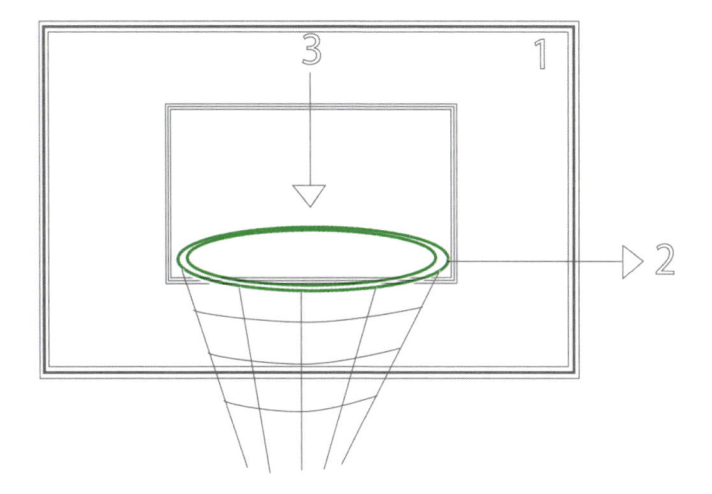

Jogo de basquete com bolas de iniciação, sem lateral, com possibilidade de usar três passos antes de passar a bola, sendo que não é permitido que a bola seja tomada por uso de mão aberta ou fechada. A tomada da bola só pode ocorrer como interceptação de passe ou de batimento de bola. Não há rebote para os arremessos e os pontos são marcados da seguinte forma:

- madeira (tabela): 1 ponto;
- metal (aro): 2 pontos;
- nylon (cesta): 3 pontos.

Caso a bola bata na tabela e depois no aro, ou no aro e depois na cesta, ou na tabela e depois na cesta, vale o ponto de maior valor. Por exemplo: tabela + aro = 2 pontos; aro + cesta = 3 pontos. A marcação é "meia quadra", ou seja, os jogadores que repõem a bola após a cesta não podem ser marcados até passar a linha central.

Taco (ou bétis)

Material: dois bastões (tacos) de madeira, uma bolinha de borracha ou de tênis, e dois tripés (casinhas), que podem ser feitas de gravetos ou mesmo de garrafas pet cheias um terço com água.

Ainda hoje é muito comum, principalmente nas periferias das grandes cidades brasileiras e no interior do país, encontrar crianças e adolescentes com tacos na mão brincando deste delicioso jogo. Suas origens são remotas e dão margens a muita discussão. Há quem afirme que o taco é filho do cricket inglês (ou críquete, em português). Outros o relacionam com o hóquei. Na Rússia, há uma variante na qual se joga sem tacos, utilizando-se as mãos para lançar e os pés para rebater. O jogo também tem semelhança com o beisebol, uma vez que possui jogadores com funções como arremessador e pegador.

Embora já existam kits completos do jogo à venda nas lojas de material esportivo, com material padronizado, creio que, ao usar esses kits, há uma perda de criatividade. Afinal, os tacos individualizados podem ser feitos de vários materiais. Pode-se utilizar até cabos de vassoura para rebater, o que torna mais difícil acertar a bolinha, ou seja, o nível do desafio fica mais elevado. Enfim, além do material necessário para o jogo, é preciso haver um espaço de pelo menos oito metros entre uma casinha e outra. Ao redor de cada casinha é desenhado um círculo chamado cela (como no pião).

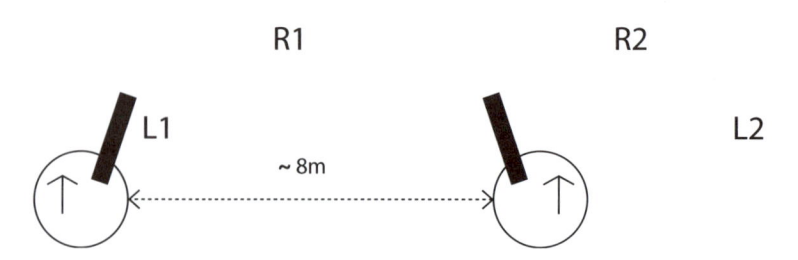

São necessárias duas duplas: uma de jogadores com o taco, que são os rebatedores (R) ou pontuadores, e uma de lançadores (L)

ou aspirantes a rebatedores. A dupla de lançadores (L) deve arremessar a bolinha e tentar derrubar a casinha que está no lado contrário por meio de arremessos consecutivos feitos a partir da parte de trás da cela oponente. Caso a casinha caia, trocam-se as funções, ou seja, quem rebatia passa a lançar, e vice-versa. Quando os rebatedores (R) conseguem acertar, eles devem rebater a bolinha para o mais longe possível da dupla oponente. Quando rebatida, a bolinha deve ser recuperada rapidamente pela dupla de lançadores (L). Enquanto os lançadores (L) correm desesperadamente para recuperar a bolinha, os rebatedores correm entre as suas bases batendo com os bastões no meio do caminho. Cada batida dos tacos no meio do percurso vale dois pontos.

A dupla de lançadores, ao recuperar a bolinha, deve tentar derrubar a casinha ou tocar a bolinha nos oponentes, quando estes não estão com os tacos pousados nas suas respectivas celas, e, assim, obter a posse dos tacos. Se nesse momento os rebatedores estiverem com os seus tacos tocando o interior das celas, a troca de funções não é feita, e os rebatedores ainda continuarão tentando derrubar as casinhas e trocar as funções, para que possam se tornar pontuadores do jogo.

Existem outras regras, como quando, ao rebater a bolinha, o taco a espirra, ou seja, a bolinha mal rebatida vai para trás, e não para frente como desejado. Nesse caso, é contado "uma para trás". Quando se completam "três para trás" trocam-se as funções.

Também é possível, nesse caso, combinar uma espécie de pênalti, com um arremesso a uma distância menor da casinha (a dois metros, por exemplo). O número de pontos de cada partida pode variar de doze a trinta pontos (ou até mais), dependendo do combinado entre as duplas.

Para começar o jogo e saber quais duplas lançarão (L) e quais rebaterão (R), pode ser feita uma brincadeira com os tacos: os participantes traçam duas linhas no chão e, a partir de uma distância combinada, lançam seus tacos na direção da outra linha. A dupla que conseguir lançar o seu taco o mais próximo possível da outra linha, sem ultrapassá-lo, começa a partida.

Tapobol

Material: duas bolas de plástico de tamanho grande.

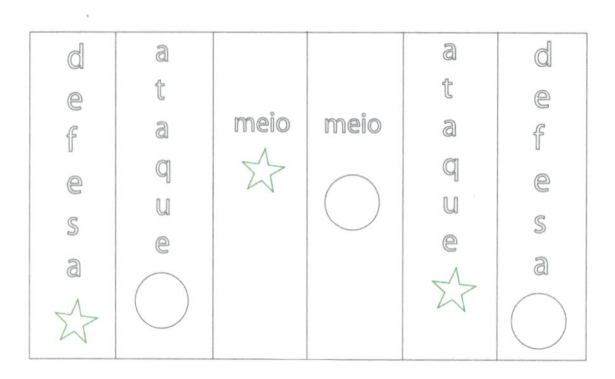

Duas equipes com número igual de jogadores, distribuídas como no diagrama, procuram fazer as bolas plásticas tocarem a parede da equipe adversária (contando pontos a cada toque), por meio de rebatidas com as mãos ("tapas"). Caso a bola toque dentro do gol, serão computados dois pontos. O jogo se reinicia com as bolas de posse das defesas. Não é válido segurar a bola com as duas mãos. Caso isso ocorra, é posse de bola da equipe adversária no seu espaço mais próximo (defesa, meio ou ataque). Para defender a parede, os jogadores podem usar qualquer parte do corpo. Cada equipe pode usar quantos jogadores quiser nos seus espaços de jogo. É válido pegar a bola no campo adversário, desde que os dois pés do jogador estejam no seu campo, sem tocar a linha.

Tchuquebol (ou *tchoukball*)

Material: uma bola de handebol e dois quadros elásticos.

Alguém conhece o tchoukball[32] (ou tchuquebol, em português, já o considerando como "de casa")? Vale a pena conhecer este esporte – sim, um "esportão", com federações, campeonatos, patrocínios, instalações próprias etc. – e entender porque ele é conhecido, principalmente na Europa e na Ásia, e está começando a sê-lo no Brasil como o "esporte da paz".

JOGOS COM EQUIPES

Criado na Suíça em 1970 pelo doutor Hermann Brandt, o tchuquebol é um jogo pacífico, mas não menos emocionante, desafiadora e dinâmica. Ele mistura handebol, vôlei e pelota basca, e é jogado oficialmente com uma bola de handebol, nove jogadores em cada equipe, em uma quadra de 20 x 40 m.

Resumidamente, cada equipe deve realizar no máximo três passes, sem quicar ou deixar a bola cair. Ao final, deve-se arremessar a bola em um quadro com rede elástica. Nenhum passe pode ser inteceptado e nenhum jogador pode marcar o outro, ou seja, não há contato físico entre os jogadores. Não há "território" a ser defendido, ou seja, os passes e os arremessos podem ser feitos na direção de qualquer um dos dois quadros.

Como o quadro é elástico, após o arremesso, a bola volta. A outra equipe deve tentar, nesse momento, recuperar a bola antes que ela toque o solo. Caso isso não ocorra, a equipe que arremessou a bola pontua. Nessa tentativa de recuperar a bola, pode-se usar de fundamentos do vôlei, como a manchete. Além disso, após três passes, o jogador deve arremessar a bola. Existem outras regras, como as "áreas proibidas" ao redor dos quadros, as quais não podem ser tocadas nem pela bola nem pelos jogadores. Difícil? No começo é assim mesmo... Caso tenha acesso à internet, procure no YouTube vídeos sobre o tchuquebol. Assim, fica mais fácil entender o jogo. Os quadros elásticos são difíceis de se encontrar, mas as federações deste esporte podem ajudar. Caso não haja quadros, duas carteiras escolares inclinadas de 55º a 60º (um apoio sob as carteiras dá o ângulo necessário) já servem para jogar. Bolas de borracha também são boas para este jogo.

Para maiores informações consulte os sites www.tchoukball.org e www.tchoukball.com.br.

Tchuquevôlei

Material: uma bola de vôlei ou uma bola plástica e dois quadros elásticos.

Adaptação do tchuquebol com habilidades do vôlei (saque, passes com toque, manchete e ataque). Joga-se com as mesmas regras do tchuquebol, trocando-se a bola de handebol por uma bola de vôlei ou uma bola plástica. No início, para passar a bola, o jogador pode lançá-la para cima e tocá-la ou usar o movimento do saque para isso. O ataque aos quadros pode ser feito com arremessos ou cortadas do vôlei. Nos níveis mais elevados, há a possibilidade de passes e de ataques diretos. Podem ser atribuídos pontos de acordo com o grau de dificuldade e de beleza das jogadas.

Tripebol

Material: oito bolas de iniciação de diversos tamanhos e dois tripés.

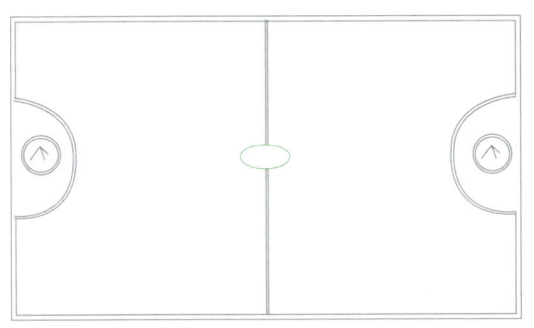

Duas equipes, separadas pela linha do meio da quadra, procuram, por meio de arremessos, derrubar o tripé colocado na área oposta. Cada equipe inicia o jogo com quatro bolas. É válida a bola que bater na parede e derrubar o tripé, mesmo que seja derrubado acidentalmente. Cada equipe defende o seu tripé da maneira que desejar, com qualquer parte do corpo. Não é válido defender dentro da área. Quando isso acontece é pênalti, cobrado da linha central. Os arremessos feitos dentro do campo adversário (com um pé ou os dois apoiados no chão) não são válidos. O jogo recomeça após cada ponto, não importando o número de bolas de cada lado.

Variações: tripebol com os pés e tripebol total.

Tripebol com os pés: Nesta variação, em vez de arremessos, valem chutes.

Tripebol total: Neste caso, valem tanto arremessos como chutes.

PROCESSO DE CRIAÇÃO DE JOGOS

Quando o assunto é criação de jogos, costumo dizer aos meus alunos que vamos fazer um laboratório de jogos. Tal denominação tem o sentido de confirmar o caráter experimental dos jogos, cuja preparação tem uma seqüência que vai da sensibilização até a representação final do jogo criado. Por serem experimentais, os jogos podem funcionar ou não. O que isso significa? Significa que em algum ponto do processo pode ter faltado alguma coisa, talvez o tipo de material não tenha sido adequado ou o tipo de pontuação, talvez tenha havido excesso de material ou a falta dele. É quando o laboratório explode, ou seja, para o grupo que julga o jogo, ele precisa de reparos e reformas.

Dizer se um jogo funcionou ou não é uma tarefa complicada. Muitas vezes eu e os grupos com os quais trabalho fomos surpreendidos, por jogos que se apresentavam extremamente complicados, mas que, na prática, acabaram cativando a classe. O contrário também já aconteceu, revelando que o improvável sempre faz parte deste julgamento, dificultando-o. Assim, diante de possíveis apreciações negativas, quem ousaria criar? Creio que todos.

A objetividade faz com que o caráter pessoal, embora presente no estilo do jogo criado, seja colocado em segundo plano, em troca de uma análise das condições concretas que fizeram o jogo funcionar ou não. Essa experiência, creio, traz desdobramentos profundos na capacidade de formular pensamentos, críticas e propostas em torno de uma atividade, assim como na capacidade de aceitar essa formulação sem entendê-la como pessoal.

Imaginação e sensibilização criativa

O primeiro passo para a criação de jogos é deixar que a imaginação tome conta, e que ela seja a guia do processo. O ideal é que haja tempo disponível para o devaneio: quem sabe de olhos fechados, ouvindo música, deixando que as imagens sejam as primeiras idéias do que será criado. Palavras orientadoras quanto à natureza dos jogos, do espaço e dos materiais disponíveis podem facilitar esse processo. Outra maneira é deixar que se brinque mentalmente com quaisquer jogos conhecidos para depois misturá-los na imaginação. A representação gráfica, por meio de desenhos, também pode ser fonte de inspiração para este momento do processo. O espaço disponível para o jogo é, desta maneira, reconhecido em seu limite e potencial, além de ser uma incursão estética nas possibilidades de representação. Indo mais além, é possível incluir elementos oníricos nesta sensibilização com registros em desenho. Estes jogos, não-realizáveis, podem ser chamados de jogos imaginários, paralelamente ou antecedendo os jogos de criação.

Planejamento e registro inicial

Em seguida, pode ser fornecida uma planilha como a utilizada para o registro dos jogos tradicionais (ver p. 61) para que as novas idéias sejam colocadas no papel. O grau de refinamento da linguagem utilizada e o seu caráter procedimental ("manual do jogo" – como jogar) têm uma nítida importância no seu entendimento, uma vez que orientará o próximo passo. Neste momento são configuradas as duplas de trabalho[32] que discutirão o jogo em todos os seus aspectos, inclusive projetando seu funcionamento, suas regras e suas maneiras de jogar. Pode-se propor brincar com a linguagem gráfica, informática, poética, com acrósticos, haicais etc. na formulação dos jogos, o que pode ser feito em conjunto com outros educadores (de classe, plástica, música etc.).

Prática do jogo

A seguir, pode-se elaborar um cronograma de apresentações dos jogos, preparando o grupo para a efetivação das propostas. Nos dias de apresentação, as duplas se encarregam de fazer o levantamento do material e de expor ao grupo a sua idéia inicial do jogo. Uma vez praticado o jogo, passa-se à etapa seguinte.

Reflexão e avaliação coletiva

> "A alegria é a prova dos nove."
> Oswald de Andrade. *In: Manifesto antropofágico*.

Este é o momento crucial, aquele em que se investigará os parâmetros que orientam uma cultura lúdica com os valores predominantes de paz, cooperação e, não custa repetir, respeito às diversidades. Esta ênfase não é à toa. O perfil de um grupo lúdico é sempre heterogêneo em relação a um grupo esportivo. São grupos com objetivos diferentes, mas que muitas vezes ocupam o mesmo espaço de ação: a quadra. Não podem ser confundidos por conta de sua identidade espacial.

Dessa maneira, os resultados avaliativos dos jogos de criação sempre serão tomados como positivos no sentido de se construir permanentemente um ambiente favorável à troca e não à competição – objetivo de um grupo de treinamento. A exposição de jogos não tem o caráter de um festival no qual se busca encontrar o melhor jogo. É, antes, um painel em que as individualidades desfilarão diante do grupo com o seu melhor. Esta atitude de respeito deve ser a mesma que se tem diante das obras de arte, e faz parte de uma educação estética com a valorização das criações, das percepções, dos sentidos e dos gostos presentes nos jogos.

A ordem trazida pelo jogo nasceu do caos, fluiu pela imaginação e concretizou-se pela criatividade, instaurando uma nova realidade estética. Segundo Huizinga,

> "A profunda afinidade que existe entre jogo e ordem é, talvez, a razão pela qual o jogo parece repousar em grande extensão, [...] no campo da estética. Ele tende a ser belo. Lança sobre nós um encantamento: é 'encantador', 'prende'. Apresenta-se investido das mais nobres qualidades que somos capazes de perceber nas coisas: ritmo e harmonia." (Huizinga, 1980.)

A roda final é o instrumento precioso para esta reflexão estético-técnico-filosófica, apoiada na prática, e já educada pela tradição. Nela, todos se vêem, todos devem se ouvir e se fazer ouvidos. Nela, podemos ter direito e participação. Muito já se disse sobre o caráter simbólico das formações em roda. Seu sentido integrador, presente também em muitas manifestações coreográficas[33], é evidente e possui uma clara intenção de democratizar as relações, dando vez e voz a todos, para que todos se manifestem em plenitude.

Aqui, é possível dizer claramente se o laboratório explodiu ou não. O espaço crítico, emocionalmente favorável, deve permitir objetivar a relação sujeito-grupo/objeto-jogo, discutindo-a em sua funcionalidade, preservando seu caráter estético, para, afinal, concluir se o jogo é gostoso de ser jogado ou não. E principalmente, por que sim ou por que não. As condições concretas podem ser alteradas para que a idéia permaneça. O grupo intervém e atua no sentido de alterar o jogo em algum aspecto (materiais, regras ou limitações do espaço) que possa favorecê-lo. Em uma segunda prática, o jogo já vem modificado pelas sugestões dadas pelo grupo, para que fique mais adequado às suas necessidades.

Por fim, pode-se elaborar um registro final[34]; por exemplo, um livro de jogos. Existe também a possibilidade do registro em vídeo das atividades lúdicas. Essa representação amplia o trabalho de registro para a dimensão visual, possibilitando abordagens, análises e recursos cada vez mais complexos, o que poderia ser tema de trabalho para séries mais avançadas.

Essa diversidade de registros e suportes favorece a disponibilidade e a diversidade da informação, além de conferir um caráter histórico aos jogos. São muitos os relatos de ex-alunos que ainda se lembram dos nomes de seus jogos, das maneiras de jogá-los e do contexto que circundava as atividades. A memória afetiva dos jogos de criação é uma demonstração clara de sua importância na construção de identidades pessoais e coletivas.

ANEXO 1

Situações de fluxo são aquelas em que a um alto desafio corresponde uma alta habilidade. São situações de envolvimento pleno, atenção máxima, alto grau de gratificação e otimização da aprendizagem, e que variam de pessoa para pessoa, de grupo para grupo, de acordo com suas capacidades e expectativas, relação na qual se apóia sua auto-estima. Brincar, em qualquer idade, é uma situação de fluxo, pois o grau de desafio do jogo deve estar além das situações de controle para que ele seja alcançado.

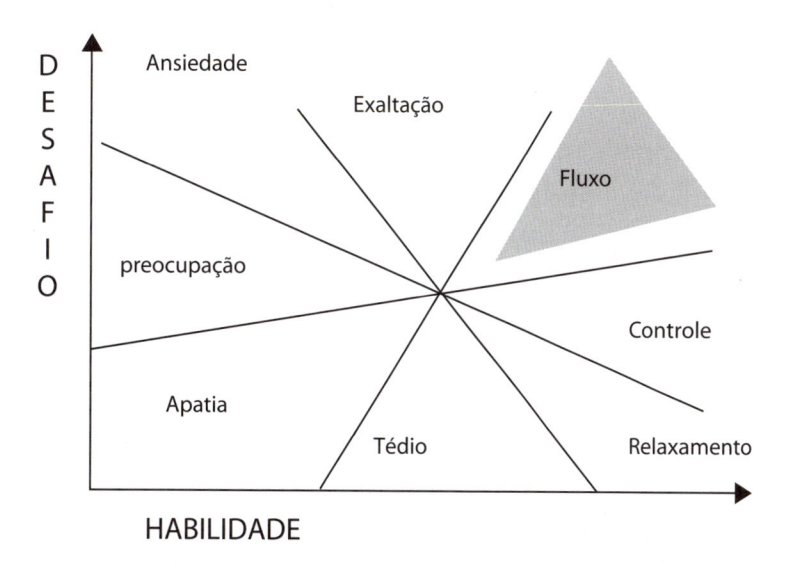

Fonte: Csikszentmihalyi, 1999.

ANEXO 2

Doze jogos de criação (1996-2007)

Estes jogos foram imaginados, concebidos, planejados, executados, avaliados e registrados pelos alunos durante as aulas de educação física dos quartos anos (antigas terceiras séries) na antiga Escola Caravelas (1996-2000), atual Colégio Oswald de Andrade Caravelas (2001-2007) e fazem parte dos Livros dos jogos de criação, com sua décima terceira edição (2008) em curso. Os livros são exemplares únicos e pertencem à biblioteca do Colégio. O critério que usei para a escolha dos jogos, vem da minha memória afetiva e sei que, além destes, existem outros tantos jogos maravilhosos para cada ano relatado. Penso que estes aqui reproduzidos são bons representantes. Espero que ainda haja muitos mais livros como esses, que relatem a maravilhosa experiência de se criar jogos.

Com vocês, os verdadeiros autores dessa história!

1996
Futemada

Luis Felipe Neves Fogaça
Material: uma bola de iniciação, também chamada de bola curinga.
Movimentos: chutar, arremessar e desviar.
Como se joga? Só é válido defender a bola com os pés. Pode-se escolher entre queimar ou fazer gol com os pés e as mãos. Há um goleiro para cada equipe, como se fosse o primeiro "morto". Quando algum participante é queimado, ele vira goleiro até que outro jogador do seu time seja queimado e o substitua. Não deixe o adversário queimar e fazer gol. Queimar com as mãos vale 1 ponto e queimar com os pés vale 2 pontos. Fazer gol com as mãos vale 3 pontos e com os pés, 4 pontos. Dica: tentar queimar e fazer gols com o que vale mais pontos. O espaço do jogo é o mesmo do tripebol (ver p. 106).

1997
Tropa sela

Pedro Ernesto de Souza Sang

Material: uma bola murcha.

Movimentos: correr, arremessar, chutar, desviar, parar e saltar sobre a sela.

Como se joga? Um jogador vai para o meio do círculo e o os outros ocupam o fundo da quadra. Ele chama os participantes gritando: "Tropa!"; e eles respondem: "Sela!". Em seguida, os jogadores saem correndo para tentar chegar até a outra linha de fundo. Nesse momento, o jogador do círculo tenta "queimar" quem passa. Se isso acontecer, o jogador "queimado" faz uma sela (da brincadeira de pular sela). Para ser salvo, alguém deve saltar sobre ele.

1998
Pique-gelobol

Lygia Alves Neder e Pedro Sokol

Material: oito bolas de iniciação, duas bandeiras e coletes de duas cores diferentes.

Movimentos: correr, arremessar, esquivar-se, passar sob as pernas do outro.

Como se joga? Este jogo mistura três jogos tradicionais: pique-bandeira, pega-pega gelo e carimbo. Quando uma pessoa estiver atravessando a quadra para pegar a bandeira, outro participante deve pegar a bola e tentar acertá-la. Quando for pego, o jogador deve abrir as pernas para que uma pessoa de seu time passe por baixo de suas pernas. Pegue a bandeira e tente voltar para o seu campo sem ser pego. O espaço do jogo é o mesmo do tripebol (ver p. 106).

1999
Letacobol

Leo Henry Ribeiro dos Santos e Lucas Krotoszinsky

Material: sete bolas, sendo seis para chutar e uma bola plástica grande (alvo) e seis tacos para cada equipe.

Movimentos: chutar com os pés e rebater com os tacos.

Como se joga? O objetivo do jogo é fazer a bola-alvo, que no início do jogo deve ficar no centro da quadra, ultrapassar a linha oponente. Isso deve ser feito por meio de chutes nas bolas de ataque, sendo que a bola-alvo deve ser rebatida com os tacos. Não se pode atacar com o taco e nem defender a bola-alvo com os pés. É importante respeitar a regra de segurança: cada jogador deve ter sua base e não sair dela, para não correr o risco de acertar, sem querer, os seus colegas.

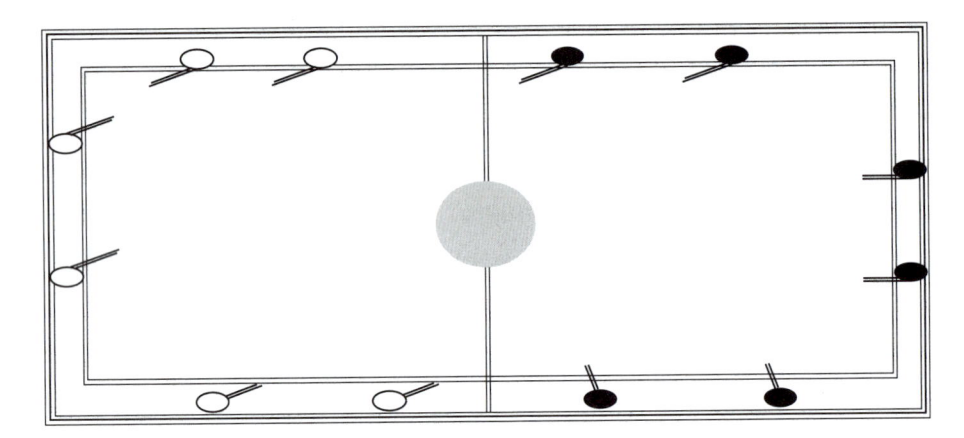

2000
Dois em um

Vinicius Paschoal Araujo e Giuliano Miléo Barbieri
Material: Oito bolas de iniciação, dois tripés e dois coletes.
Movimentos: Correr, defender, pegar e arremessar.
Como se joga? É um jogo de pique-bandeira, mas nele os participantes devem derrubar o tripé para que possam pegar o colete, que equivale à bandeira. Para começar a jogar, é preciso ter quatro bolas para cada time, um tripé e um colete em cada área. Começa-se o jogo. Quem derrubar o tripé primeiro tem o direito de pegar o colete e trazer para o seu lado da quadra e marcar um ponto. Se o time adversário não derrubar o tripé, ele ainda pode continuar a tentar acertá-lo. Vence quem marcar mais pontos. Dica: traga a bola bem perto do tripé para derrubá-lo.

2001
Tripepasse

Luiz Paulo Assumpção Siciliano e Rubens Heller Mandel
Material: Uma bola de iniciação e dois tripés de madeira.
Movimentos: Arremessar, passar e interceptar.

Como se joga? O jogo começa com dois times, cada um de um lado da quadra. Os jogadores têm que passar a bola até chegar perto da primeira linha vermelha da quadra do time adversário (três metros do vôlei). Então, um jogador arremessa. Importante: os participantes não podem andar com a bola na mão; têm que correr e, quando receberem a bola, parar. Os jogadores não podem entrar na área para defender, e os atacantes não podem passar da primeira linha vermelha (3m) depois do meio da quadra para tentar derrubar o tripé. Mass se você não for lançar a bola, pode passar. Dica: tente sempre começar (o jogo ou o lance?) de trás ou do goleiro.

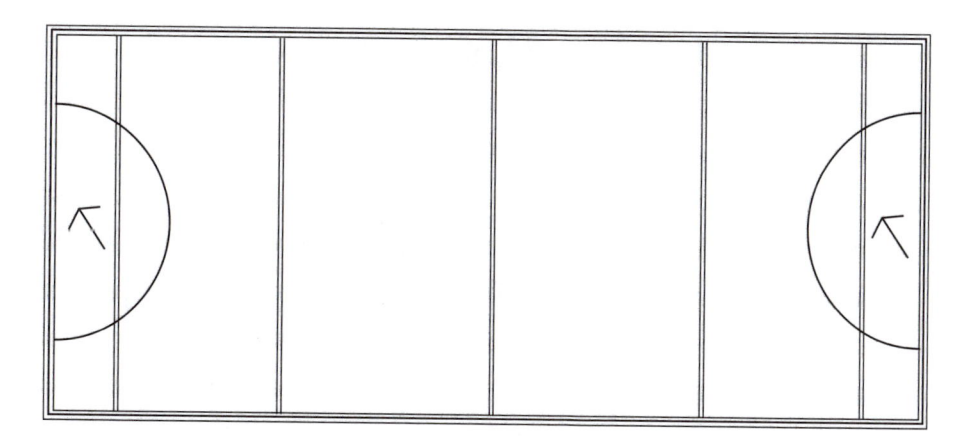

2002
Tribasque

Luiza Lopes Guimarães Waak

Material: Doze bolas plásticas, dois tripés, duas bolas de basquete.

Movimentos: lançar, arremessar e defender.

Como se joga? O objetivo do jogo é fazer a cesta, queimar e derrubar o tripé. Para cada time são distribuídas seis bolas, um tripé e uma bola de basquete. Sua equipe tem que primeiro fazer uma cesta, depois voltar para o seu lado da quadra e, a partir daí, derrubar o tripé. Depois disso, sua equipe deve queimar o curinga. O curinga é uma pessoa escolhida pelo time sem que a outra saiba quem é. A cesta vale três pontos, o tripé vale um ponto, e queimar o curinga, cinco pontos.

2003
Passarela

Luiza Davini de Siqueira e Marina Caiaffa Bardi

Material: duas bolas.

Movimentos: mirar, desfilar e desviar.

Como se joga? Comece com a escolha de duas crianças para ficarem num círculo do meio da quadra, enquanto as outras crianças ficam andando na linha vermelha. Os jogadores devem passar pela linha em duplas ou fazendo poses. As pessoas escolhidas para ficarem no círculo não podem sair dele e devem tentar queimar as que passam desfilando na linha vermelha. Cada jogador que está no círculo tenta queimar de um lado diferente. Se alguém correr ou sair da linha vermelha deve ficar no lugar de alguém que está no círculo. Um participante é escolhido para repor a bola até que quem esteja no meio consiga trocar com alguém que está na passarela.

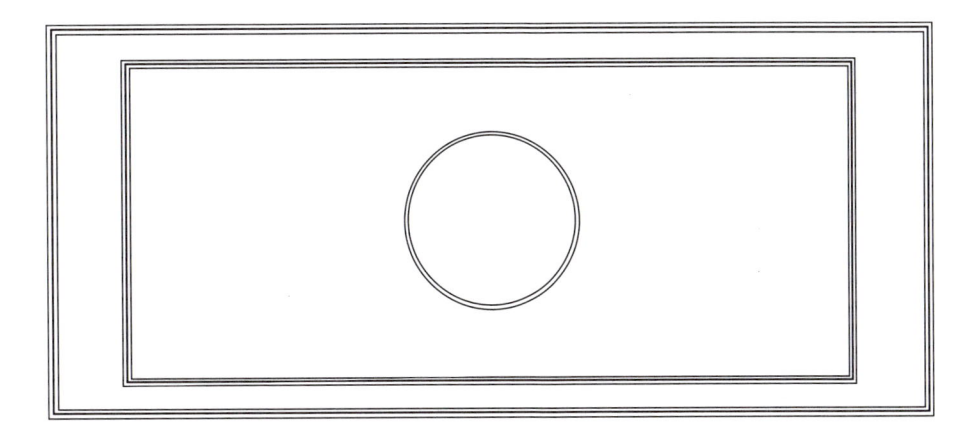

2004
Piquebol
Isabela de Cesare Scretas, Nina Paraschiva Brandão e Manuela Tardelli Canedo
Material: garrafas plásticas, bolas de iniciação e bandeiras.
Movimentos: correr, arremessar, desviar e defender sua garrafa.
Como se joga? Separam-se os participantes em duas equipes. Cada equipe se divide em três grupos: ataque da bandeira, defesa da área e defesa das garrafas. A primeira tarefa é pegar a bandeira do outro time. Quando sua equipe conseguir a bandeira, é hora de derrubar as garrafas com as bolas de iniciação. Os jogadores podem passar para o outro lado (a área continua da sua equipe) para também tentar derrubar as garrafas de lá. O número de material fica a gosto do grupo. O espaço do jogo é o mesmo do pique-bandeira (ver p. 96).

2005
Abelha-rainha-pique
Helena Vergueiro Mercadante, Ana Beatriz Ribeiro Valery Mirra e Audrey Nogueira Rimes
Material: seis bolas, duas bandeiras e coletes.
Movimentos: correr, arremessar, desviar.
Como se joga? Deve-se fazer dois times e, em seguida, escolher uma

rainha e um zangão sem que a equipe adversária saiba quem é. Começa-se o jogo, que é como a queimada. Se um time queimar a rainha do outro, ela deve dizer quem é o zangão, e vice-versa. O time que queimar tanto a rainha como o zangão, deve tentar pegar a bandeira do outro time sem ser queimado. Se isso acontecer, seu time vence a partida. Dica: não proteger nem a rainha nem o zangão, para não evidenciar quem são. O espaço do jogo é o mesmo da queimada (ver p. 98).

2006
Garraquete

Giuliana Lanzoni Tambelini e Luiza Gama Ancona de Faria
Material: Uma bola de iniciação, coletes e cinco garrafas para cada time.
Movimentos: Passar, receber, driblar e arremessar.
Como se joga? Escolha os times, que serão diferenciados por coletes. Cada equipe começa o jogo com cinco garrafas que são colocadas na área. Os participantes não podem fazer grupinhos de pessoas e nem de garrafas. Também terão que escolher duas pessoas para defender as garrafas. Uma equipe começa com a bola. O jogo é como o basquete ou o handebol, com passes e disputa de bola, o que só pode ser feito até a linha azul. O jogador deve tentar pegar a bola do oponente, mas sem puxar a bola ou agarrar o adversário. Vale interceptar o passe ou bater na bola que está sendo quicada pelo oponente. As pessoas que estão defendendo as garrafas não podem sair da área, e as que estão disputando, não podem entrar. Só se marca pontos depois que as cinco garrafas são derrubadas. Dica: passe mais a bola para conseguir sair da marcação.

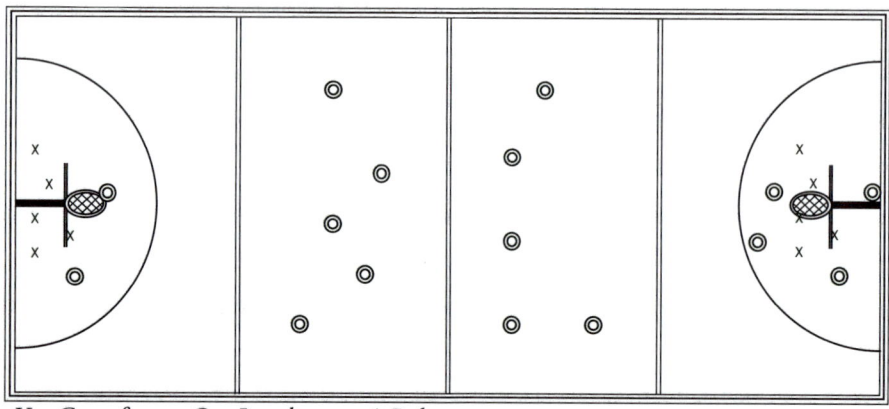

X - Garrafa   O - Jogadores   * Bola

2007
Tchuque-bandeira

Renato Giovedi e Danilo Sloboda

Material: Dois quadros de tchuquebol e uma bola de handebol para cada lado.

Movimentos: correr, pegar e arremessar.

Como se joga? Cada equipe inicia o jogo com duas bolas para. Os jogadores precisam ir até a área oponente sem serem pegos. Lá haverá uma bola para ser arremessada no quadro, o que deve ser feito fora da área menor. Quando arremessar a bola, o oponente vai tentar pegar a bola rebatida. Se não conseguir pegá-la e ela tocar o chão, o jogador pode pegar a bandeira e tentar retornar ao seu lado da quadra sem ser pego. Se conseguir, marca ponto.

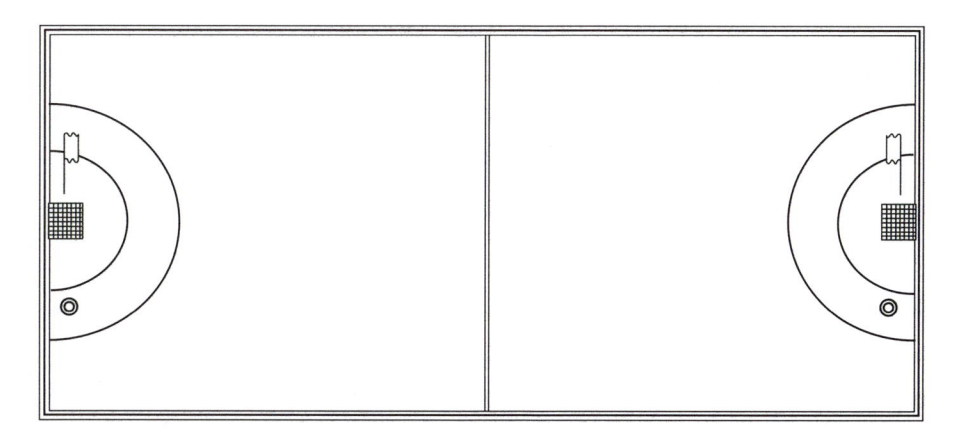

Jogue, divirta-se e boa sorte!

APÊNDICE

A criação de novos esportes

Assim como são necessários novos jogos, também são necessários novos esportes. O sistema de produção, do qual a indústria do espetáculo é apenas uma das engrenagens, tenta nos convencer a aderir aos monitores em de aderir às das práticas corporais, notadamente as coletivas. Embora seja muito importante que se estimule a atividade corporal individual como parte da aquisição de uma melhor qualidade de vida (caminhadas, corrida, natação, ciclismo, entre outros), é na atividade coletiva que encontramos nossa humanidade plena. Somente exercendo trocas é que nos vemos estimulados a interagir, a responder de maneira criativa ao desafio dos relacionamentos e atividades humanas. Os esportes coletivos podem ser formas de expressar individualidades e estabelecer vínculos de amizade e cooperação. No entanto, nossa capacidade de associação vem sendo deteriorada e sabotada pelo chamariz do lazer individualizado, do consumo, e, sobretudo, pelo aumento da difusão de uma cultura de comunicação via computador[35], substituindo, ainda que temporariamente, formas mais concretas de contato. Embora ainda sejam poucos os que têm acesso a um terminal próprio, os usuários já representam um número significativo, principalmente entre os mais jovens[36], e é visível que em pouco tempo esta cultura terá um grau de difusão incomensurável e uma profundidade ainda inimaginável.

Além disso, fica a pergunta: quais esportes? Aqueles que conhecemos são ricos e interessantes, mas a ênfase cultural tem sido dada apenas sobre seus aspectos mais competitivos. A importância que se dá à vitória ou à derrota, e mesmo ao desempenho, são ainda fatores que afastam a maioria das pessoas da prática direta de atividades coletivas.

Mesmo aqueles que praticam atividades coletivas amadoramente ou por recreação reproduzem a violência do esporte profissional em brincadeiras de fim de semana. Isso faz aumentar significativamente o trabalho dos ortopedistas dos pronto-socorros, além de imobilizações que podem prejudicar a vida pessoal e profissional dos envolvidos com essas atividades. É comum que muitos participem desses jogos de final de semana de maneira violenta, e até mesmo ofensiva, justificando-a como parte de uma aparente "encenação de batalha", destinada a combater o estresse. É uma forma de jogo simbólico adulto, regressivo e infantilizado, no qual se pode ranger os dentes, xingar e bater, para depois "beber cerveja junto". Evidentemente, para alguns, essa situação remete calorosamente à infância e à adolescência perdidas, o que pode até proporcionar alguma gratificação, mas é só. As dores e as lesões não podem ser saudavelmente descritas como prazerosas.

Perceba que, nesta paisagem, ficam de fora as mulheres, as crianças, os idosos ou aqueles que se situam fora do padrão físico idealizado pela mídia – ou com limitações corporais e necessidades especiais –, os quais também poderiam jogar e se divertir, mas procuram se preservar diante da perspectiva de uma lesão mais séria ou porque não gostariam de "atrapalhar" o jogo. Estes acabam condenados a ficar na platéia fazendo parte da torcida ou, em pior caso, relegados à apatia ou à inatividade corporal.

Não é a proposta deste livro aprofundar essa questão, uma vez que focalizamos os jogos no currículo do ensino fundamental, principalmente sob a ótica de uma vivência prática de muitos anos. Os jogos de criação fazem parte de um conjunto significativo para o trabalho escolar até a quarta série (atual quinto ano), embora suas extensões de trabalho, de análise e de registro ainda possam ser mais bem desenvolvidas com as séries avançadas, ou mesmo nas faculdades de educação física e esportes, além de possíveis e desejáveis experiências nos espaços públicos e comunitários de ligas estudantis e sindicais, para muito além dos jogos tradicionais e de criação desenvolvidos no espaço escolar.

Mas como isso poderia acontecer? Creio que a cultura de criação de jogos, em qualquer um desses espaços, antecede uma possível e desejável criação de esportes. É sobre os ombros da cultura dos jogos tradicionais e da criação de novos jogos, com regras e alternância de habilidades, materiais e espaços de jogo, que se pode vislumbrar tal possibilidade. Os valores a serem desenvolvidos podem ser fruto de uma séria reflexão e prática, sobre, as demandas sociais possíveis de serem desenvolvidas nos novos esportes, e de sua possibilidade de criar uma inclusão plena, com sentido lúdico. Paz, respeito às diversidades, cooperação e solidariedade podem ser os pontos de referência e apoio para tal reflexão pré ou pós-prática.

De alguma maneira, podemos escolher o nosso destino, as nossas práticas, os nossos jogos e as nossas brincadeiras, em vários níveis, e criar nossas atividades geradoras de fluxo. Podemos escolher, como educadores, qual o sentido de nossas práticas. Podemos escolher também se reproduziremos ponto-a-ponto o mundo que herdamos ou se buscaremos transformar aquilo que temos, olhando para as outras gerações com maior generosidade, do que aquela com que fomos recebidos nessa experiência cósmica, única.

Podemos criar as condições para essa transformação da mesma maneira que podemos criar os jogos de quadra. Quais são as nossas demandas corporais, emocionais, mentais e espirituais? Qual o nosso espaço de ação individual e coletivo? Sob quais regras vivemos e quais novas regras podemos construir diante de novas necessidades? Que tipos de habilidades temos e quais habilidades nós ainda podemos desenvolver? Que materiais possuímos e quais julgamos necessários diante das nossas demandas? É esse o grande jogo diante do qual podemos escolher entre sermos criadores, participantes ou espectadores. É, repito, uma questão de escolha.

GLOSSÁRIO

Para uma teoria morfogenética do desenvolvimento motor

Breve exercício de ressignificação dos termos definidos por Rupert Sheldrake[37] que podem ser relacionados à educação física e à cultura corporal.

Atrator – Na teoria matemática dos sistemas dinâmicos, atrator é um conjunto invariante, irredutível, que atrai as trajetórias de todos os pontos vizinhos. Uma quadra com linhas predeterminadas é um exemplo de atrator, pois sua configuração pressupõe uma prática, atraindo para o seu campo (sentido literal e figurado) um tipo específico de atividades. No caso do movimento humano, pode constituir o conjunto de imagens culturalmente construídas sobre o corpo, arquetipicamente acumuladas, suas projeções e seus modelos prévios de ação.

Campo – Região de influência física. A física atual reconhece vários tipos de campos fundamentais: os campos gravitacional e eletromagnético, e os campos de matéria da física quântica. Parece brincadeira, mas o campo (a língua portuguesa é muito rica em significados) de futebol pressupõe que ali será praticado aquele tipo de jogo. Um campo mórfico pressupõe uma estrutura.

Campo mórfico – Campo no interior e em volta de um sistema auto-organizador e que organiza a sua estrutura e o seu padrão de atividade característico. De acordo com a hipótese da causação formativa, os campos mórficos contêm uma memória inerente, transmitida de sistemas semelhantes anteriores por meio de ressonância mórfica, e tendem a se tornar cada vez mais habituais. Os campos mórficos incluem os campos morfogenético, comportamental, social, cultural e mental. Quanto maior o grau de similaridade, tanto maior será a influência da ressonância mórfica. Em geral, os sistemas se parecem mais estreitamente consigo mesmos no passado, e estão sujeitos à auto-resssonância com seus próprios estados passados.

Campos cognitivo-genéticos ou morfogenéticos – Campos que desempenham um papel causal na morfogênese. De acordo com a hipótese da causação formativa, esses campos possuem uma memória inerente, transmitida pelo processo da ressonância mórfica, por organismos de passados semelhantes.

Causação formativa – Hipótese de Rupert Sheldrake (1981) segundo a qual os sistemas auto-organizadores, em todos os níveis de complexidade, são organizados por campos mórficos, que são eles próprios influenciados e estabilizados por ressonância mórfica com todos os sistemas semelhantes anteriores.

Córrego – Nos campos mórficos, é um caminho muito trafegado. Pode ser um jogo praticado muitas vezes, em várias gerações, ou um hábito de pensamento ou habilidade motora.

Creodo – Caminho canalizado de mudança dentro de um campo mórfico. Novidade.

Determinismo – Doutrina segundo a qual todos os acontecimentos, incluindo as ações humanas, são predeterminados.

Enteléquia – Na filosofia aristotélica e na biologia vitalista, é o princípio da vida, identificado com a alma ou a psique. Proporciona a um organismo seus próprios propósitos internos e define o fim em cuja direção se desenvolve.

Entropia – Quantidade definida na termodinâmica. A entropia de um sistema é a medida do seu grau de desordem. De acordo com a Segunda Lei da Termodinâmica, a entropia dos sistemas fechados aumenta com o tempo. Criar jogos, por exemplo, significa partir de uma alta entropia para uma mais baixa, ou seja, mais organizada e menos caótica.

Morfogênese – O advento da forma.

Ontologia – Estudo filosófico da existência em si mesma no qual se diferencia a "existência real" da "aparência". Trata igualmente das suposições relativas à existência e que se acham subentendidas em qualquer teoria ou sistema de idéias.

Reducionismo – Doutrina segundo a qual sistemas complexos podem ser explicados em termos de sistemas mais simples; por exemplo, organismos vivos em termos de processos físico-químicos inanimados.

Ressonância mórfica – Influência de estruturas de atividade anteriores sobre estruturas de atividade semelhantes e subseqüentes, organizadas por campos mórficos. De acordo com a hipótese de causação formativa, a ressonância mórfica envolve a transmissão de influências formativas através do tempo e do espaço ou ao longo deles, sem que ocorra diminuição devido à distância ou ao lapso de tempo. Assim, a forma de um jogo pode ressoar com a forma desse mesmo jogo, independente da relação espaço-temporal. Jogos repetidos muitas vezes podem fazer parte do campo e, com isso, possibilitar uma aprendizagem mais acelerada do que um jogo novo, por exemplo.

Teleologia – Estudo dos fins ou das causas finais; explicação dos fenômenos com base em metas ou propósitos.

Teoria da Bifurcação – Ramo da Teoria do Caos que trata das mudanças na configuração dos atratores, causadas por mudanças nas regras que definem o sistema dinâmico. Num jogo de criação, a bifurcação ocorreria cada vez que se cria um córrego, tal como a introdução de novos materiais em um jogo conhecido, por exemplo.

Teoria do Caos – Ramo da matemática que trata dos sistemas dinâmicos. Também conhecida como Teoria dos Sistemas Dinâmicos.

Teoria Mecanicista – Baseada na metáfora da máquina. Doutrina segundo a qual todos os fenômenos físicos podem ser explicados mecanicamente, sem referência a metas ou a planejamentos propositados.

BIBLIOGRAFIA

ADORNO, Theodor. "*A educação após Auschwitz*". In: *Palavras e sinais. Modelos críticos 2*. Tradução Maria Helena Ruschel. Petrópolis: Vozes, 1995.

ANDRADE, Oswald de. *Manifesto antropofágico*. In: *A utopia antropofágica. Obras completas de Oswald de Andrade*. São Paulo: Globo, 1990.

BATESON, Gregory. *Una unidad sagrada*. Barcelona: Gedida Editorial, 1993.

CASTAÑEDA, Carlos. *Porta para o infinito*. Rio de Janeiro: Best Seller, 2006.

CSIKSZENTMIHALYI, Mihaly. *A descoberta do fluxo*. São Paulo: Rocco, 1999.

D'AMBRÓSIO, Ubiratan. *Transdisciplinaridade*. São Paulo: Palas Athena, 1997.

FREIRE, Paulo. *A pedagogia da autonomia – Saberes necessários à prática educativa*. São Paulo: Paz e Terra, 1999.

HUIZINGA, Johan. *Homo Ludens: o jogo como elemento da cultura*. São Paulo: Perspectiva, 2005.

KRISHNAMURTI, Jiddu. *Educação e o significado da vida*. São Paulo: Cultrix, 1993.

LEONARD, George. *O atleta dos atletas*. São Paulo: Summus Editorial, 1999.

LEVY, Pierre. *As inteligências coletivas*. Palestra realizada no Sesc Vila Mariana. São Paulo, 2006.

LOVISOLO, Hugo. *Esporte, estética e educação física*. Rio de Janeiro: Sprint, 1997.

McKENNA, Terence et al. *Caos, criatividade e o retorno do sagrado – Triálogos nas fronteiras do Ocidente*. São Paulo: Cultrix/Pensamento, 1994.

NICOLESCU, Besarab. *O manifesto da transdisciplinaridade*. São Paulo: Triom, 2001.

NIETZSCHE, Friedrich. "*A Filosofia na Época Trágica dos Gregos*". In: NIETZSCHE, Friedrich. Nietzsche - Volume II. São Paulo: Nova Cultural, 1991. p. 10. (Coleção Os Pensadores)

NIETZSCHE, Friedrich. "*Aforismo V*". In: NIETZSCHE, Friedrich. Assim falava Zaratustra. São Paulo: Hemus, 2006.

PEARCE, Joseph Chilton. *A criança mágica*. Rio de Janeiro: Francisco Alves, 1987.

PEREZ, Julio. "*Psicoterapia e neurociências*". Revista Rede Psi, jun. 2006.

SERGIO, Manuel. *Algumas teses sobre o esporte*. Lisboa: Compendium, 2005.

SHELDRAKE, Rupert. *O renascimento da natureza – O reflorescimento da ciência e de Deus*. São Paulo: Cultrix, 1993.

_____. *A presença do passado – A ressonância mórfica e os hábitos da natureza*. Lisboa: Instituto Piaget, 1996.

_____. *Sete experimentos que podem mudar o mundo*. Cultrix, São Paulo: Cultrix, 1999.

NOTAS

[1] Ver. *Glossário para uma Teoria Morfogenética do Desenvolvimento Motor pg.78*

[2] Seria extremamente injusto e indelicado se não citasse as escolas Novo Horizonte, Pirâmide (depois Miguilim/João Guimarães Rosa) e Aprendendo a Aprender, todas na Vila Madalena, como fundamentais na construção e elaboração deste projeto.

[3] Muitas vezes isso acontece também dentro das comunidades escolares, com vistas grossas de muitos dos seus participantes, principalmente na adolescência, naquilo que se denomina "bullying", ou seja, constrangimento, humilhação e intimidação pública.

[4] Dança afro-brasileira.

[5] Experiências como a coletivização obrigatória da agricultura por meio de massacres no campo levados a cabo por Stalin na antiga URSS, ou mesmo os horrores da Revolução Cultural chinesa de 1966, promovida por Mao Tse-tung, são exemplos claros do que ocorre quando a cooperação compulsória torna-se o paradigma e a norma de uma sociedade.

[6] Ensaios de habilidades individuais ou em pequenos grupos, com ou sem materiais, também criam gostosas situações de fluxo.

[7] Qualquer semelhança com o ato amoroso não será mera coincidência.

[8] "Estudos com neuroimagem funcional revelam correlações neurais parecidas no uso real e imaginário de instrumentos (nota do autor: ou *em qualquer outra atividade 'espelhada'*). Estruturas corticais similares foram ativadas durante a execução de uma tarefa motora e durante a execução pantomímica (imaginária) da mesma tarefa. Assim, os achados da neurociência ilustram a importância das experiências subjetivas como determinantes de reciprocidades neurais, tal como se manifestam em respostas comportamentais do dia-a-dia". Perez, 2006.

[9] Basta lembrar o gol da seleção argentina na Copa do Mundo de 2006, durante o jogo contra a seleção da Croácia, no qual foram dados 27 toques de primeira antes que a bola fosse gentilmente empurrada para dentro do gol. Um verdadeiro gol de equipe. Um momento de puro fluxo grupal.

[10] Se é possível sonhar, por que não pensar em torneios mais amplos do que os colegiais? Por que não pensar na criação de jogos em uma escala mais ampla? Quem sabe outras gerações possam nos dar essa resposta.

[11] Esta é uma planilha para análise do jogo tradicional e para a criação de jogos. Nela, o registro de qualquer jogo ou brincadeira pode ser elaborado e analisado e serve como base para se coletar e registrar os jogos de um determinado grupo. É por meio desta planilha que os jogos são identificados. Um grupo de pessoas, ao reconhecer os jogos de sua tradição assim organizados, dispõe de uma fonte permanente de consulta e uso.

[12] Ver descrição dos jogos.

[13] Desenhar na lousa pode ser um recurso para melhor simbolizar os jogos como uma unidade simbólica. O símbolo por si mesmo evoca todas as possibilidades do jogo, as orienta, além de servir de referência visual para a organização da aula. Aliás, a presença de uma lousa é indispensável na "quadra de aula".

[14] Se é que no contexto social no qual o jogo é aplicado existe uma geladeira com

algo dentro. Não podemos esquecer que essa é a realidade de muitas comunidades, sobretudo no Brasil. O que fazer? Como contextualizar? Como o educador inserido nessa realidade pode intervir? São questões que merecem resposta.

[15] Nas versões originais deste jogo há uma parlenda na qual o grupo evoca para o queimado: "ra-re-ri-ro... rua!", excluindo-o ao final de cinco queimadas. Pessoalmente, nunca investi nesta idéia de "rua!" para finalizar a participação de alguém. Nas minhas consultas em roda com os grupos com os quais trabalho, a discussão levantada por essa "regra" sempre foi interessante. Torna-se um bom momento para intervenção quanto ao caráter de exclusão presente em certos jogos.

[16] Há uma interpretação acerca deste jogo ligando-o a uma forma sutil de aprendizagem da tradição da Cabala hebraica, na qual cada número se liga a uma das dez esferas da Árvore da Vida. O esquema que vai do "céu" ao "inferno" está associado, segundo essa tradição, aos caminhos de subida e descida pela Árvore, de *Kether*, no ponto mais alto da Árvore, a *Malkuth*, na sua base, e vice-versa.

[17] Quando criança, no tempo em que se construíam as galerias do córrego Peri Peri, na zona oeste de São Paulo, onde hoje é a avenida Ministro Laudo Ferreira de Camargo, este jogo parecia ocupar um imenso espaço, em imensas e infinitas tardes, nas quais as galerias em construção se pareciam com o labirinto do Minotauro, ou mesmo com as cavernas de Arn Saknussen em *Viagem ao centro da Terra*, de Júlio Verne. Lembro-me nitidamente desta sensação de aventura.

[18] Em todas as possibilidades, a solicitação de "*stop/go*" pode ser associada à aprendizagem de posturas que, em última análise, podem ser relacionadas com estados meditativos. Escolas esotéricas, como as do Quarto Caminho (Gurdjieff), utilizam jogos em que se interrompe imediatamente a ação, buscando a total imobilidade, com vistas à autopercepção e ao crescimento interior.

[19] Pode haver dúvidas se é cela ou sela. Etimologicamente, a primeira faz mais sentido, pois se origina do latim *cella*, que significa espaço vazio.

[20] Brincadeira muito antiga e de larga extensão sobre o planeta. Todas as sociedades que tinham o cavalo como meio de transporte, provavelmente, tiveram brincadeiras associadas a esse uso.

[21] Famoso prédio da cidade de São Paulo, que durante muito tempo foi o mais alto da capital paulista.

[22] Jogo sugerido pelo professor Jurandir Damaceno de Carvalho.

[23] De acordo com a idade, varia-se o tipo de bola. Para os mais velhos, bolas de handebol h1 murchas são um bom material.

[24] Jogo de criação da terceira série do ensino fundamental, turma da manhã 1996, da antiga Escola Caravelas.

[25] Em 2001, no Colégio Oswald de Andrade Caravelas, uma emocionante votação escolheu um nome para este jogo. Outro nome sugerido foi *futebol feliz*, pelo então aluno da pré-escola, da turma da tarde, Pedro Paulo Almeida. Acho que foi uma boa escolha.

[26] Jogo desenvolvido em parceria com o professor Luis Ricardo Bauch Gregatto.

[27] Embora eu já conhecesse versões deste jogo (inclusive utilizando cordas na transversal da quadra, seguradas pelos participantes), ainda me emociona lembrar quando o aluno que criou este jogo, a partir das suas próprias vivências, se viu acrescido de uma necessária dose de auto-estima – fundamental naquele

momento da sua vida –, expressa em seu sorriso inesquecível quando o laboratório não explodiu e seu jogo foi aplaudido após sua prática.

[28] Um jogador "guarda" o pego. Verificar se vale a pena um jogador pego imobilizar um outro que poderia atuar melhor em movimento do que guardando o adversário.

[29] Esta variação resolve o problema do número ímpar de jogadores, inclusive com a sugestão de trocar de pares freqüentemente, o que aumenta as características inclusivas do jogo.

[30] Na maior parte do Brasil, o jogo é chamado de *queimado*, e o "morto" é chamado de "cemitério".

[31] Há algum tempo, era comum que apenas o primeiro queimado tivesse a chance de voltar ao mundo dos vivos. Aos restantes, cabia conformar-se com a condição de "morto". No entanto, poder retornar a qualquer instante é muito mais motivador.

[32] Maiores informações nos sites www.tchoukball.org ou www.tchoukball.com.br.

[33] Minha experiência demonstra que trios costumam criar divergências, muitas vezes irreparáveis. Duplas atuam melhor. Experimente para ver.

[34] Como nas danças circulares.

[35] No caso do Colégio Oswald de Andrade Caravelas, é o *Livro dos Jogos de Criação* que já está em sua décima versão. Em 2006, além do formato tradicional em livro que permanece na biblioteca do colégio, os jogos ganharam sua versão digitalizada, disponível para serem baixadas no *site* institucional <www.oswaldcaravelas.com.br>.

[36] Vide Orkut, messenger, torpedos etc.

[37] Na periferia de São Paulo há uma *lan house*, espaço com terminais computadorizados usados principalmente para games, nascendo a cada minuto, com público certo.

[38] Ver bibliografia.

SUGESTÃO DE LEITURA

ABRAHAM, Ralph e SHAW, C. D. *Dynamics - The geometry of behavior, Reading*. Massachusetts: Addison-Wesley, 1992.

BERLIN, Isaiah. *A força das idéias*. São Paulo: Companhia das Letras, 2005.

BRANDÃO, Denis e Crema, Roberto (orgs.). *O novo paradigma holístico: ciência, filosofia, arte e mística*. São Paulo: Summus, 1991.

BRITO, Carmen L. C. de. *Consciência corporal - Repensando a educação física*. Rio de Janeiro: Sprint, 1996.

CAILLOIS, R. *Lês jeux et lês hommes*. Lisboa: Cotovia, 1990.

CAPRA, Fritjof. *O ponto de mutação*. São Paulo: Cultrix, 1982.

_____. *O tao da física*. São Paulo: Cultrix, 1983

_____. *Sabedoria incomum*. São Paulo: Cultrix, 1988.

CASCO, Patricio. *Vôlei*. São Paulo: Odysseus, 2007.

CAVALCANTI, Matilde. *O corpo essencial: trabalho corporal integrado para o desenvolvimento de uma nova consciência*. Rio de Janeiro: Rosa dos Tempos, 1992.

COURTINE, J. J. *"Os stakhanovistas do narcisismo"*. In: Sant'Anna, D. B. de (org.). Políticas do corpo. São Paulo: Estação Liberdade, 1995.

EBERT, John David Ebert. *O fim da divindade mecânica, conversas sobre ciência e espiritualidade no fim de uma era*. Brasília: Teosófica, 1999.

FELDENKRAIS, Moshe. *Consciência pelo movimento*. São Paulo: Summus, 1977.

_____. *O poder da autotransformação, a dinâmica do corpo e da mente*. São Paulo: Summus, 1994.

FERRIS, Timoty. *O céu da mente, a inteligência humana num contexto cósmico*. Rio de Janeiro: Campus, 1993.

GAIARSA, José Ângelo. *O que é corpo*. São Paulo: Brasiliense, 1986.

_____. *Organização das posições e movimentos corporais*. Futebol 2001. São Paulo: Summus, 1984.

GAYA, Adroaldo. *A reinvenção dos corpos: por uma pedagogia da complexidade. Sociologias*. Porto Alegre: ano 8, n. 15, jan./jun. 2006, p. 250-272.

GEBARA, Ademir (et al.) e Wagner Wey Moreira (org.). *Educação física e esportes - Perspectivas para o século XXI*. Campinas: Papirus, 1993.

GIROUX, Henry. *Pedagogia radical: subsídios*. São Paulo: Cortez, 1983.

GOVINDA, Lama Anagarika. *Creative meditation and multi-dimensional consciousness*. Wheaton / IL: Theosophical Publishing House, 1976.

HERRIGEL, Eugen. *A arte cavalheiresca do arqueiro Zen*. São Paulo: Pensamento, 1989.

HUANG, Al Chuang Liang. *Expansão e recolhimento - A essência do tai chi*. São Paulo: Summus, 1979.

HUANG, Al Chuang Liang e LINCH, Jerry. *O Tao do Esporte*. São Paulo: Best Seller / Círculo do Livro, 1992.

KELEMAN, Stanley. *Mito e corpo - Uma conversa com Joseph Campbell*. São Paulo: Summus, 2001.

KOSS, Mônica Von. Feminino + Masculino - *Uma nova coreografia para a eterna dança das polaridades*. São Paulo: Escrituras, 2000. (Coleção Ensaios Transversais)

LABAN, Rudolf. *Domínio do movimento*. São Paulo: Summus, 1971.

LACERDA, Yara. *Atividades corporais, o alternativo e o suave na educação física*. Rio de Janeiro: Sprint, 1995.

LARA, L. M.; PIMENTEL, G. G. de A.; RIBEIRO, D. M. D. *Brincadeiras cantadas: educação e ludicidade na cultura do corpo*. Revista Digital. Buenos Aires: ano 10, n. 81, fev. 2005. Disponível em: www.efdeportes.com/efd81/brincad.htm

LEMKOW, Anna F. *O princípio da totalidade - A dinâmica da unidade na religião, ciência e sociedade*. São Paulo: Aquariana, 1992.

LOWEN, Alexander. *A espiritualidade do corpo*. São Paulo: Cultrix, 1990.

McKENNA, Terence. *O alimento dos deuses*. Rio de Janeiro: Record, 1995.

_____. *O retorno à cultura arcaica*. Rio de Janeiro: Record, 1995.

MERLAU-PONTY, Maurice. *O visível e o invisível*. São Paulo: Perspectiva, 1984.

MORIN, E. *O Metodo 3 - O conhecimento do conhecimento*. Mira-Cintra / Europa-América, 1986.

SUGESTÃO DE LEITURA

MURDOCK, Maureen. *Giro Interior - O processo de criação de imagens mentais dirigidas na educação de crianças e adolescentes*. São Paulo: Cultrix, 1987.

RUSSEL, Peter. *O despertar da terra - O cérebro global*. São Paulo: Cultrix, 1991.

SAMPLES, Bob. *Mente aberta, mente integral - Uma visão holonômica*. São Paulo: Gaia, 1990.

TALBOT, Michael. *O universo holográfico*. São Paulo: Nova Cultural, 1991.

TAVARES, Clotilde Santa Cruz. *Iniciação à visão holística*. Rio de Janeiro: Record, 1993.

WALSH, Robert N. e VAUGHAN, Frances (orgs.). *Além do ego - Dimensões transpessoais em psicologia*. São Paulo: Cultrix / Pensamento, 1991.

WEBER, Renée. *Diálogos com cientistas e sábios - A busca da unidade*. São Paulo: Cultrix, 1988.

WEIL, Pierre. *Holística - Uma nova visão e abordagem do real*. São Paulo: Palas Athena, 1990.

_____. *Organizações e tecnologias para o terceiro milênio. A nova cultura organizacional holística*. Rio de Janeiro: Rosa dos Tempos, 1991.

WILBER, Ken (org.). *O paradigma holográfico e outros paradoxos*. São Paulo: Cultrix, 1991.

ZUKAV, Gary. *A morada da alma*. São Paulo: Cultrix, 1992.

O AUTOR

Nem tão breve relato autobiográfico

Patricio Casco. Sem acento, ao contrário da insistência do meu corretor ortográfico. Mudada a acentuação tônica tradicional do nome, ofereço uma idéia mais clara do tempo verbal no qual procuro me situar, ou seja, no presente. Porém, como negar que sou nascido no Hospital das Clínicas e criado na periferia da capital de São Paulo, no hoje nem tão periférico Jardim Peri-Peri, na Zona Oeste? Naquele tempo esta ainda era uma cidade muito mais espaçosa e mais propícia para a criança que, de certa maneira, ainda vive em mim. Mesmo assim não deixei de amá-la (tanto a criança como a cidade) e verifico, não sem tristeza, que a segurança, hoje indispensável, tornou nossa vida mais insegura, asséptica, tecnológica, mal-humorada, e, cada vez mais, estas mesmas crianças são sufocadas em redomas, o que as impede de viver, ou seja, de brincar. Quem somos essas crianças?

Adolescente, freqüentei os campos de várzea e as quadras dos colégios como jogador de futebol de campo e de futsal – se habilidoso ou não, isso é outra história –, e ao mesmo tempo também como brincante de vôlei. Jovem adulto, além de continuar jogando, creio que rodei bastante... Fiz um ano do curso de engenharia civil no Mackenzie, fui auxiliar de serviço social do Instituto de Psiquiatria do HC, poeta, ator de teatro universitário, militante católico e posteriormente do movimento estudantil e sindical, bancário, dono de jornal, guitarrista de rock, vendedor de pacotes turísticos, jornalista musical free-lance da Gazeta de Pinheiros, monitor de natação, professor de creche e coordenador de academia. Essa participação quase lúdica na vida trouxe-me, lógico, muitas oscilações materiais, mas, em contrapartida, também certa percepção da força e da beleza da cultura, da política revolucionária e, particularmente, do papel transformador da cultura corporal, o que acabou sendo o alicerce experiencial que motiva minhas buscas pessoais e profissionais.

Nessas raízes está o meu desejo permanente de compreender e pesquisar o ser humano, sua motricidade, além de promover o encontro entre as pessoas e delas com elas próprias, o que é possível por meio das atividades corporais. Isso, no meu entender, pode elevá-las para além de meras práticas – e as ressignifica como exercícios de autoconhecimento e de linguagem. Compreendo hoje que foi isso, mesmo que intuitivamente, que me levou a estudar quatro anos de jornalismo na Escola de Comunicações e Artes da Universidade de São Paulo (ECA-USP) – queria ser jornalista esportivo - e depois mais quatro na Faculdade de Educação Física – queria ser terapeuta corporal – dessa mesma universidade. No entanto, tornei-me, com muito orgulho, professor de crianças.

Comecei a trabalhar em 1986 como professor de escola na Vila Madalena, bairro ao qual estou afetiva e espiritualmente ligado desde então. Atuei como professor nas escolas Novo Horizonte, Pirâmide, Guimarães Rosa / Miguilim, Colégio Bialik, Aprendendo a Aprender e, desde 1995, na antiga

Escola Caravelas (hoje Colégio Oswald de Andrade-Caravelas), na qual convivo e atuo até hoje como professor de educação física do ensino fundamental, professor da escola de esportes e assessor da educação infantil.

Depois de graduado, busquei minha auto-educação permanente fora do âmbito escolar e encontrei nas artes marciais, particularmente no tai chi chuan, respostas para perguntas antes inexistentes na minha formação acadêmica em educação física, quase toda ela com forte apelo científico e tecnicista, exceção feita a alguns mestres, professores e colegas com luz suficiente para me iluminar o caminho. São muitos, e não cabe citá-los sem cometer injustiças. Nesse mesmo tempo aumentou o meu interesse em compreender em profundidade, com reflexão filosófica, os aspectos ligados às minhas observações empíricas, à beira-quadra. Queria compreender o corpo-ser humano e o seu movimento como um fenômeno energético amplo, estrutural, biofísico, sensorial, emocional, cognitivo, social, cultural e, por fim, espiritual. Nessa direção, em 1999 iniciei-me como terapeuta corporal do Método Rolf de Integração Estrutural, atuação que venho desenvolvendo no sentido entrecruzado – e não paralelo – ao meu trabalho como professor.

Hoje, além de professor de crianças nas aulas de educação física do Oswald-Caravelas e terapeuta corporal do Método Rolf, também atuo na formação de adultos, seja como assessor da educação infantil, no mesmo colégio, seja como professor convidado do amigo professor doutor Jorge Dorfmann Knijnik na disciplina esporte e filosofia da Escola de Esportes da USP, seja na Prefeitura Municipal da Cidade de São Paulo como formador de professores de educação física, seja como palestrante, seja ainda como dirigente de oficinas de criação de jogos, como as já realizadas no Sesc e na Universidade Mackenzie.

Por fim, mas não menos importante, o fato é que eu sempre escrevi, porém nunca publiquei nada além dos relatórios escolares – minha oportunidade de relatar sobre o que amo. Isso mudou a partir de 2006, quando recebi convites para produzir dois livros. O primeiro foi o Vôlei, da Editora Odysseus, e o segundo, este – Tradição e criação de jogos – Reflexões e propostas para uma cultura lúdico-corporal no qual narro o processo que vai das brincadeiras ao jogo tradicional, à criação de jogos e à compreensão do esporte como fenômeno cultural, motricidade que podemos ressignificar permanentemente como parte da educação estética, fundamental para a construção de uma cultura de paz.

Considero-me um aprendiz permanente, procurando, como diz João Guimarães Rosa, "por perguntas cada vez maiores", sem certeza alguma de respostas, e penso também que sou alguém que pergunta – um pescador que se utiliza do anzol recurvado dos pontos de interrogação para pescar outras tantas respostas.

Até aqui. Amanhã? Quem saberá?

São Paulo, março de 2008
(tradicaoecriacaodejogos@ig.com.br)

Copyright © 2008 by Patricio Casco

Editora
Renata Borges

Gerente editorial
Noelma Brocanelli

Assistentes editoriais
Carolyni Brito
Viviane Akemi Uemura

Projeto gráfico
Maristela Colucci

Finalização
Lafaiete Pontes Davelli

Impressão
Prol Editora e Gráfica

Em tempo:
Ilustrações
Taisa Borges

Dados Internacionais de Catalogação na Publicação (CIP)
(Câmara Brasileira do Livro, SP, Brasil)

Casco, Patricio
Tradição e criação de jogos: reflexões e propostas para uma cultura lúdico-corporal /Patricio Casco. São Paulo: Peirópolis, 2007.

Bibliografia.
ISBN 978-85-7596-108-7

1. Jogos de criação 2. Jogos educativos
I. Título.

07-5335   CDD-371.397

Índices para catálogo sistemático:

1. Jogos de criação e jogos tradicionais : Métodos de educação 371.397

EDITORA
Peirópolis

LIBRE
Liga Brasileira de Editoras

1ª edição • abril de 2008

Editora Fundação Peirópolis Ltda.
Rua Girassol, 128 - Vila Madalena
05433-000 - São Paulo/SP
Tel.: 11 3816-0699 Fax: 11 3816-6718
www.editorapeiropolis.com.br
vendas@editorapeiropolis.com.br